D1573885

Mario Gamba
Pasta

COLLECTION
ROLF HEYNE

Mario Gamba
Pasta

fotografiert von
Bodo Schieren

COLLECTION ROLF HEYNE

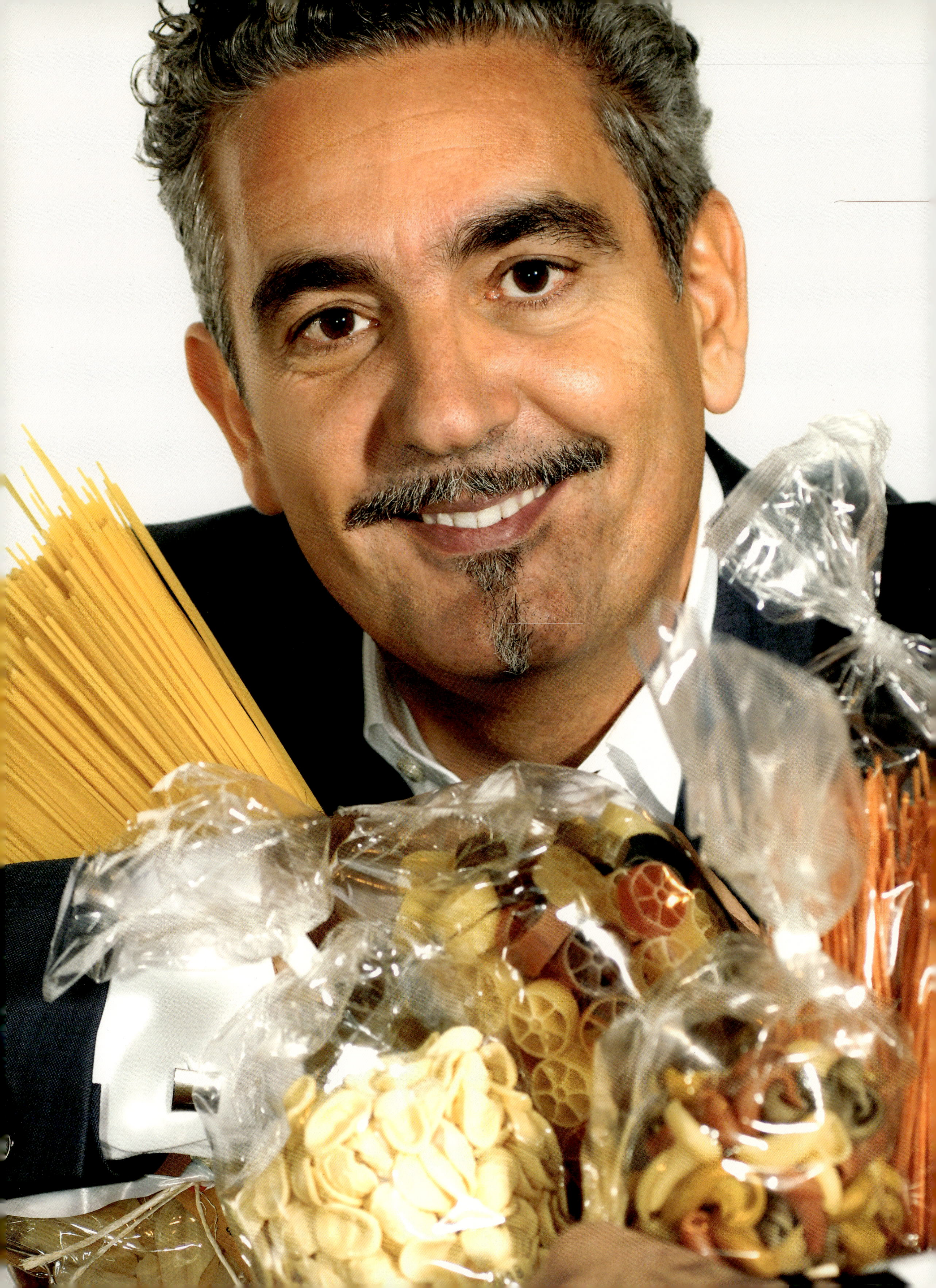

Inhalt

Das Wunder der Pasta	6
Die Pastaphilosophie	10
Pasta!	17
Wer erfand die Spaghetti?	18
Die Pastasauce	22
Wie die Pasta hergestellt wird	25
Gewürze und Aromen	26
Die Tomaten	30
Die Käsesorten	32
Pilze und Trüffeln	38
Meine Mutter – die Königin	43
Farbige Pastateige	44
Wir essen verrschiedene Formen	48
Das Olivenöl	51
Gefüllte hausgemachte Pasta	56
Grundrezepte	63
Mario Gambas Pasta Acquarello	69
Hartweizenmehlpaste	163
Pasta della Mamma	193
La Dolce Pasta	203
Rezeptregister	210

Das Wunder der Pasta

Wo beginnt das Kochen? Für mich beginnt Kochen mit *il sole,* der Sonne, mit *i sensi,* den Sinnen, mit *la curiosità,* der Neugier – und mit Pasta. Ich esse schrecklich gerne, und ich liebe alles, was duftet. Und darum liebe ich Pasta ganz besonders.

Pasta ist für mich Erinnerung pur. Denke ich an Pasta, halte ich den Schlüssel zur Vergangenheit in meiner Hand. Pasta verdanke ich einige der schönsten Eindrücke meiner Kindheit: der große Topf mit brodelndem Wasser, in den meine Mutter die Tagliatelle wirft, die sie vorher auf einem mit Mehl bestäubten Holzbrett selbst gemacht hatte. Neben dem großen steht ein kleiner Topf auf der Flamme, mit der duftenden, vor sich hin blubbernden Tomatensauce. Vor dem Herd stehe ich, mit großen Augen, voller Vorfreude und bin mir der besonderen Ehre bewusst, die es bedeutet, den Parmesan reiben zu dürfen: drei Minuten, bevor die Pasta fertig ist. Pasta ist … Geborgenheit.

Bei der Pasta inszeniert sich das Leben selbst. Auch daran erinnere ich mich aus meiner Kindheit: Der lange, gedeckte Tisch, an dem die Familie und die Freunde Platz genommen haben und leidenschaftlich erörtern, was sich in der vergangenen Woche zugetragen hat. Das murmelnde Gespräch ist bis in die Küche zu hören. Mit ihrer Unterhaltung überbrücken die Gäste das Warten auf den Höhepunkt: das Verteilen der dampfenden Nudeln, darauf der Klacks der Sauce, mit Weißwein verfeinert, schließlich jenes andächtig, fast schon zärtlich ausgeübte Ritual, das darin besteht, den frisch geriebenen Parmesan über Nudeln und Sugo zu verteilen. Ich sehe die Gäste bis heute vor mir: Über den Teller gebeugt führen sie andächtig die Gabeln zum Mund und würdigen das Wunder der Pasta in einem Augenblick der genussvollen Stille.

Pasta ist eine Weltsprache. Pasta ist ein Produkt, bei dem zwischen vielen, ansonsten vollkommen unterschiedlichen Völkern Konsens besteht. Es ist einerseits erstaunlich, andererseits wiederum auch ganz logisch, dass Menschen vom Nordpol bis zur Antarktis, von Los Angeles bis Shanghai diese kleinen, langen, kurzen, dicken, dünnen, glatten, gekringelten Dinger lieben. Nahezu jeder hat sie schon probiert, kennt sie, schätzt sie. In der Pasta erreichen Menschen aller Schichten ein Maß an Einmütigkeit, das sonst nur Kinder im Spiel erreichen.

Pasta ist auch eine Lektion von der Wirksamkeit des Einfachen. Was kann man nicht alles um sie herum arrangieren und komponieren. Sie ist eine Hauptdarstellerin mit vielen Gesichtern. Sie ist ohne Launen. Oder besser, fast ohne Launen. Denn Pünktlichkeit verlangt sie schon. Ein paar Sekunden zu lang im brodelnden Wasser gebadet, und sie gibt sich nahezu ungenießbar.

Vor allem aber ist Pasta ein anderer Ausdruck für Fantasie in der Küche. Eine Fantasie allerdings, die mit Schnörkellosigkeit und Purismus gepaart ist. Sie ist ein Widerspruch, den man »schnelles Slowfood« nennen könnte: Sieht schnell gemacht aus, vermittelt den harmlosen Eindruck, sich schnell essen zu lassen – und beansprucht dann, variantenreich und vielfarbig wie sie ist, doch wieder einen ganzen Gang, den *primo piatto,* den man genussvoll in die Länge ziehen kann.

Übrigens: Pasta verträgt sich mit vielem. Nicht aber mit überzüchteten Chef-de-Cuisine-Allüren. Dazu steht sie viel zu sehr mitten im Leben. In ihrer ursprünglichen Einfachheit ist sie ein Lehrstück auch in Sachen Lebensweisheit: Was auch immer mit den Teigröhrchen, Teigsträngen, Teigtäschchen oder Teigkringeln angerichtet wird: Stets wird nur mit Wasser gekocht.

Schließlich und endlich ist Pasta eine Hauptsache. Sie haben richtig gelesen. Hauptsache ohnehin, aber darüber hinaus eben auch das, was der Italiener »una cosa di pelle« nennt. Eben eine Hautsache oder das, was wir »Herzensangelegenheit« nennen.

Buon appetito!

Mario Gamba, im Februar 2007

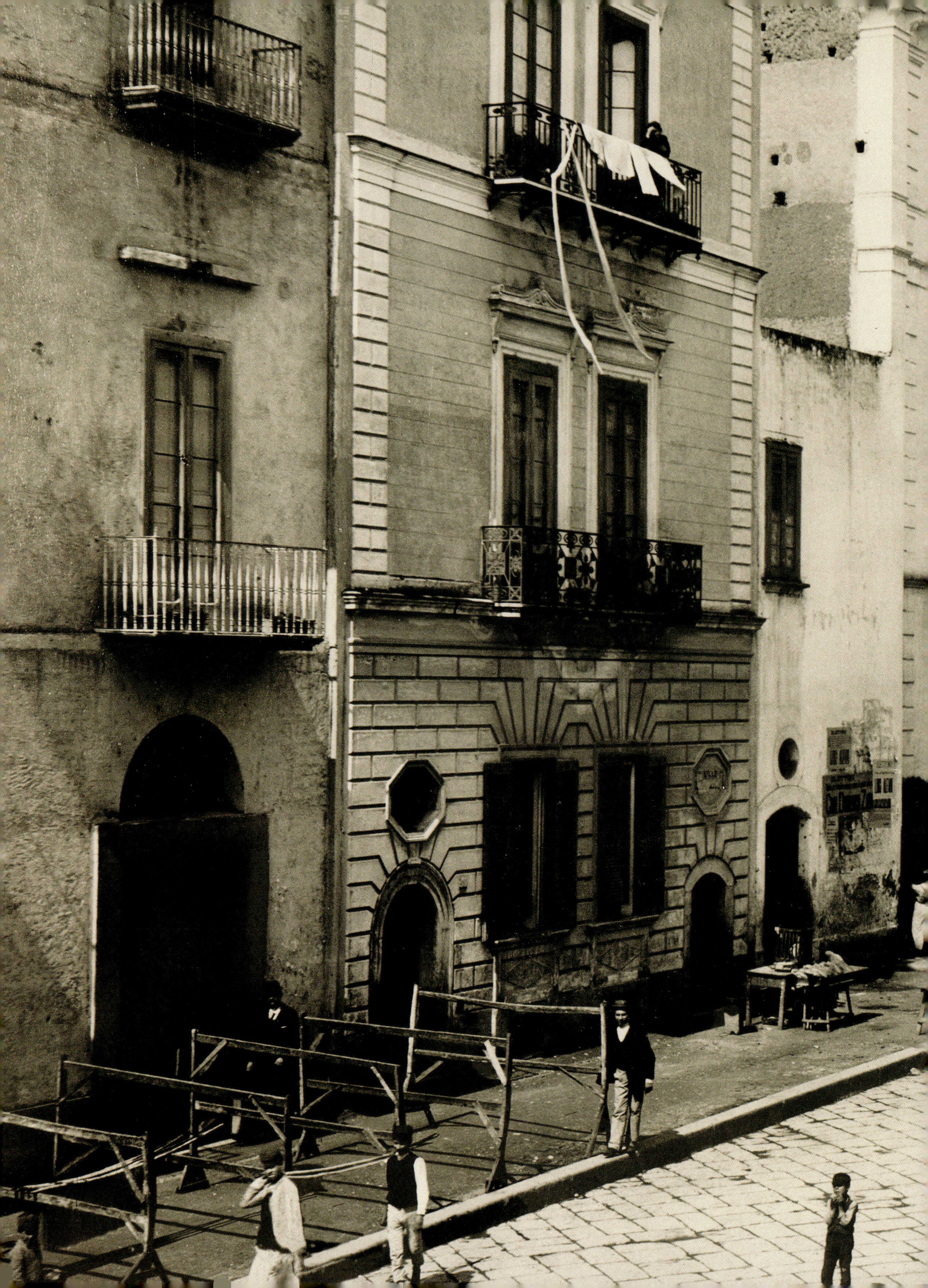

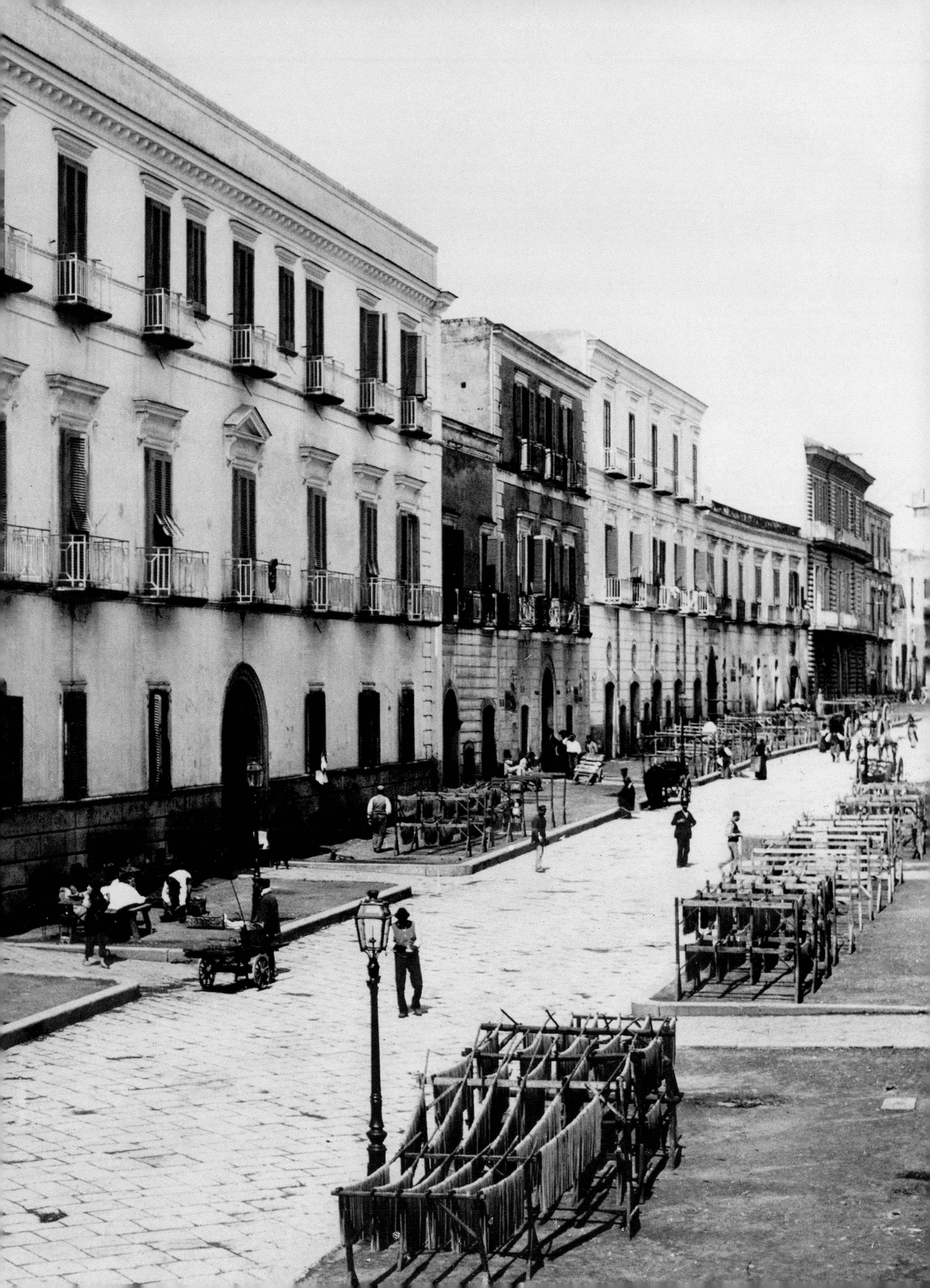

Die Pastaphilosophie

In der klassischen italienischen Menüfolge kommt der Pasta eine gleichermaßen schwierige wie undankbare Rolle zu: Als *primo piatto* ist es ihre Aufgabe, in der Speisenfolge auf die kommenden Genüsse einzustimmen, ohne diese vorwegzunehmen. Ihre Rolle ist die eines Dieners. Sie tut alles, damit ihr Herr, der *secondo piatto,* in bestem Licht erscheint. Sie stimuliert Gaumen und Magen des Gastes, versorgt ihn mit einer angemessenen Grundlage, die ihn hungrig genug lässt für die nachfolgenden Gänge und gleichzeitig dafür sorgt, dass er am Ende des Mahls wohl gesättigt die Tafel verlässt. Die Pasta ist wie eine Vorgruppe eines Popkonzerts, die das Publikum in die richtige Stimmung bringt für die eigentlichen Stars des Abends. Niemand erinnert sich später an die Pasta. Niemand dankt der Pasta ihre Verdienste.

Nicht so in meiner Küche. Auf mich übt die Pasta eine Faszination aus, die schwer in Worte zu fassen ist. Sie beweist treffend die These, dass das Ganze mehr sein kann als die Summe seiner Teile. Entstanden aus einfachsten Zutaten vereint die Pasta nüchterne Funktionalität und kunstvolle Rafinesse auf nahezu magische Art.

Ihre Funktionalität lässt sich mit einigen Fakten schnell beschreiben: Pasta ist, eben wegen ihrer Zutaten, ein Grundnahrungsmittel wie Brot, Kartoffeln oder Reis. Pasta ist gesund, sie liefert unserem Körper wichtige Energie, ohne die er nicht funktionieren kann. Getrocknete Pasta ist nahezu unbegrenzt haltbar und dennoch innerhalb weniger Minuten zubereitet. Sie benötigen noch nicht einmal eine besondere Sauce, um aus ihr eine perfekte Mahlzeit zu bereiten. Ein paar Tropfen feinstes Olivenöl, ein Hauch Pfeffer und ein wenig Parmesan zaubern innerhalb kürzester Zeit eine delikate Mahlzeit.

Pasta ist ein Geschmacksträger. Es gibt eine schier unübersehbare Vielfalt unterschiedlicher Pastasorten, die sich im Wesentlichen nur in ihrer Form unterscheiden. Jede dieser Formen erfüllt eine spezielle Funktion, indem sie dem Sugo mehr oder weniger Oberfläche bietet. An einem glatten Spaghetto kann nur wesentlich weniger Sauce haften bleiben als an einer Penne mit ihrer geriffelten Oberfläche und ihrer Hohlkörperform. Und so gibt es für jede Saucenart die optimale Pastaform, die den Geschmack optimal transportiert.

Schließlich ist die Pasta ein hervorragendes Verpackungsmaterial. Was gibt es Praktischeres als eine Ravioli oder ein Tortellino? Sie sind gewissermaßen »essbare Kochbeutel«, die in mundgerechten Portionen unterschiedlichste Füllungen umschließen. Gemeinsam mit ihrem Inhalt gegart, vereinen sie auf dem Teller des Genießers Hauptspeise und Beilage. Jedes einzelne Stück ist eine vollständige Mahlzeit.

Die Formenvielfalt der Pasta schlägt die Brücke von der reinen Funktionalität bis hin zum künstlerischen Aspekt dieses vielseitigsten aller Lebensmittel. In ihr findet der ästhetische Anspruch des »pastifici«, des Pastamachers, seinen Ausdruck. So entsteht ein ganzes Universum von Kunstwerken, das von der Pasta in Buchstabenform als Suppeneinlage über die Mickey-Mouse-Pasta bis hin zur kunstvoll modellierten Farfalla reicht. Doch die Pastaarchitektur ist nicht nur auf das Spiel der Formen beschränkt. Salbei und Basilikum, Spinat, Tomaten, Karotten oder auch die Tinte der Sepia verleihen der Pasta leuchtende Farben und geben ihnen gleichzeitig einzigartige Geschmacksnuancen. Das Pastagericht wird so zu einem Erlebnis, das alle Sinne anspricht.

Aber auch mit all dem ist das Wesen der Pasta noch immer nicht umfassend beschrieben. Es fehlt die magische Komponente der Pasta, der Versuch, ihre geheimnisvolle Wirkung auf den Essenden in Worte zu fassen.

Pasta ist eine fröhliche Angelegenheit. Eine Gesellschaft, die sich zu einer Pastamahlzeit versammelt, gelangt in eine völlig andere Stimmung, als wenn sie ein sechsgängiges Menü verspeist. Es wird gelacht, geredet und gescherzt. Wer Pasta isst, vergisst manchmal seine Tischmanieren – doch das nimmt ihm niemand übel, denn so macht Pasta erst richtig Spaß. Pasta ist romantisch. Wem wurde nicht warm ums Herz beim Spaghettiessen von Susi und Strolch im weltberühmten Walt-Disney-Film? Das Knabbern an den entgegengesetzten Enden ein und desselben Spaghetto führte die beiden zu einem ersten, scheuen Kuss und dem Beginn eines wunderbaren Happy-Ends. Kinderaugen strahlen bei der Ankündigung von »Spaghetti mit Tomatensauce«. Der Gedanke an einen Teller Pasta und ein Glas Wein erzeugt bei vielen Menschen Assoziationen an Heimat und Geborgenheit, nicht nur bei Italienern.

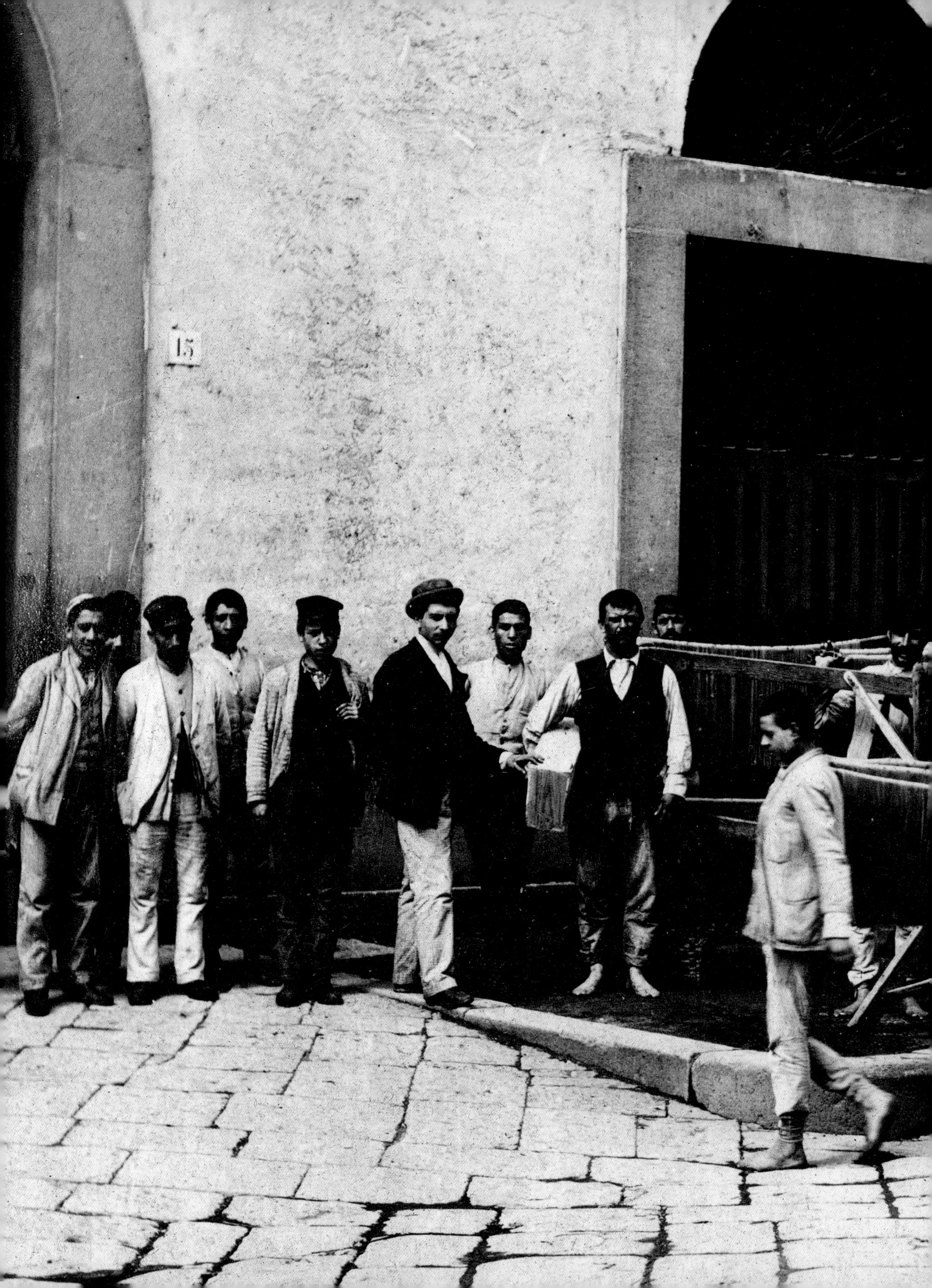
15

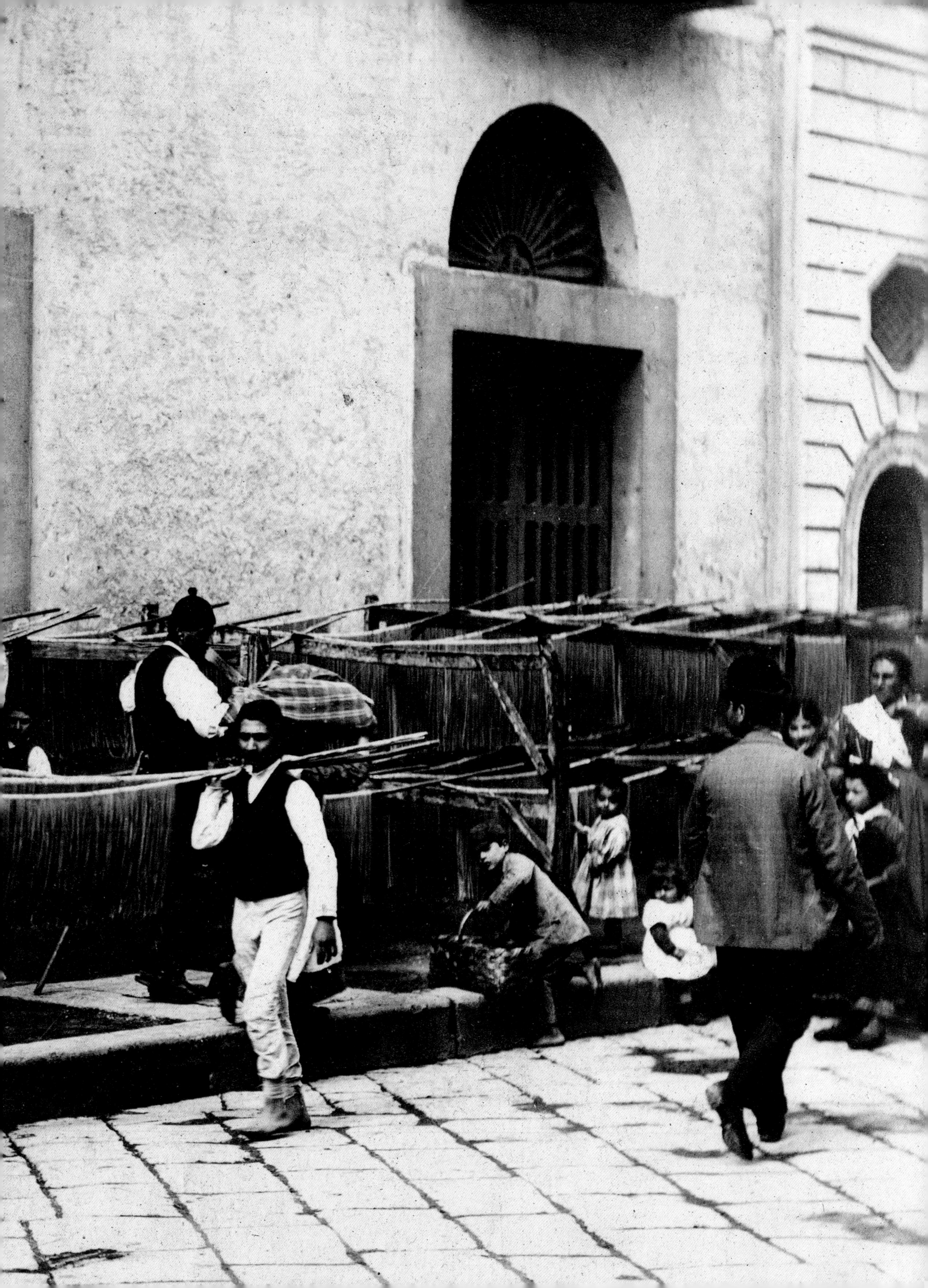

An der Pastatafel ist es gemütlich, die Pasta macht uns glücklich. All diese Empfindungen sind mit der bloßen Kombination von Mehl, Eiern und Öl kaum zu erklären.

Ihre Vielseitigkeit, ihre praktischen und ihre geheimnisvollen Seiten haben der Pasta in meiner Küche die Hauptrolle gegeben. Die Pasta in meiner Küche ist die logische Folge und die konsequente Weiterführung einer Tradition, die seit Generationen in meiner Familie gepflegt wird. Diese Tradition und meine norditalienische Herkunft haben meinen Umgang mit der Pasta maßgeblich geprägt: In meiner Küche wird die Pasta deshalb zu hauchdünnen Bahnen ausgerollt und zu einem durchscheinenden Mantel um die Füllung herum geformt. Die leicht poröse Textur des Teiges bringt wie ein Katalysator die Aromen dieser Füllung zur Geltung, für die ich hauptsächlich Gemüse verwende. Die Pasta in meiner Küche wird somit zum leichten, gesunden Genuss, die Ravioli scheinen auf der Zunge zu schmelzen, woraufhin sich ein geschmackliches Feuerwerk auf der Zunge entfaltet, bei dem jede Zutat eine klar identifizierbare Rolle in einem harmonischen Ganzen spielt.

Die Bedeutung der Pasta für meine Küche folgt somit einem Verständnis, das sich am ehesten am Bild meiner Großmutter erklären lässt: Meine Großmutter war eine einfache Frau, die keinerlei höhere Bildung genossen hatte. Ihre Persönlichkeit war geprägt von Pragmatismus und einem unbestechlichen Sinn für Gerechtigkeit. Sie kannte für die verzweifeltesten Situationen Auswege, die so plausibel waren, dass man hinterher das ursprüngliche Problem gar nicht mehr verstand. Meine Großmutter war eine gütige »Nonna«, die uns Kinder mit vielen Geschichten verzauberte und uns manchen Streich verziehen hat. Zugleich war sie das ungekrönte Oberhaupt der Familie, die letzte Instanz in allen Streitfragen und bei allen Problemen, deren Urteil noch nicht einmal von meinem Großvater angezweifelt wurde. Sie strahlte eine solch natürliche Autorität aus, dass sie niemals laut werden musste, um ihre Meinung durchzusetzen. Sie verfolgte stundenlange Diskussionen ohne ein einziges Wort zu sagen und war scheinbar unbeteiligt, um sie dann mit einem einzigen Satz unvermittelt und endgültig zu beenden.

Was meine Großmutter für unsere Familie war, ist die Pasta in meiner Küche: Sie steht über den Dingen, ohne sich jemals in den Vordergrund zu drängen. Von einfachster Herkunft adelt sie jedes Gericht. Ohne Eitelkeit oder Egoismus bildet sie eine Klammer um die einzelnen Zutaten, ermuntert eine jede, ihren Geschmack voll zu entfalten und schafft so scheinbar mühelos und ohne eigenes Zutun einzigartige kulinarische Erlebnisse.

Wer das Wesen der Pasta erkennt, respektiert sie.

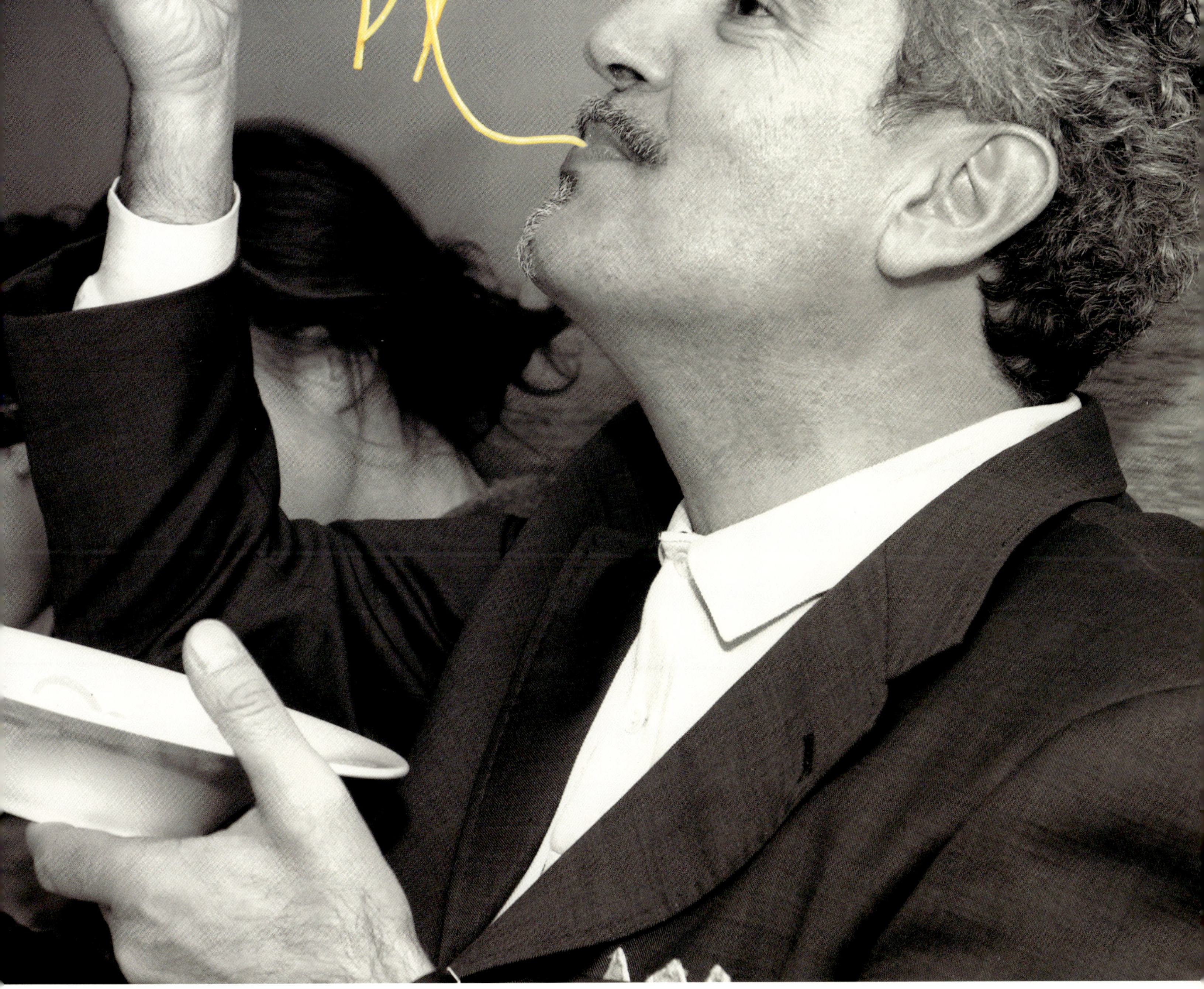

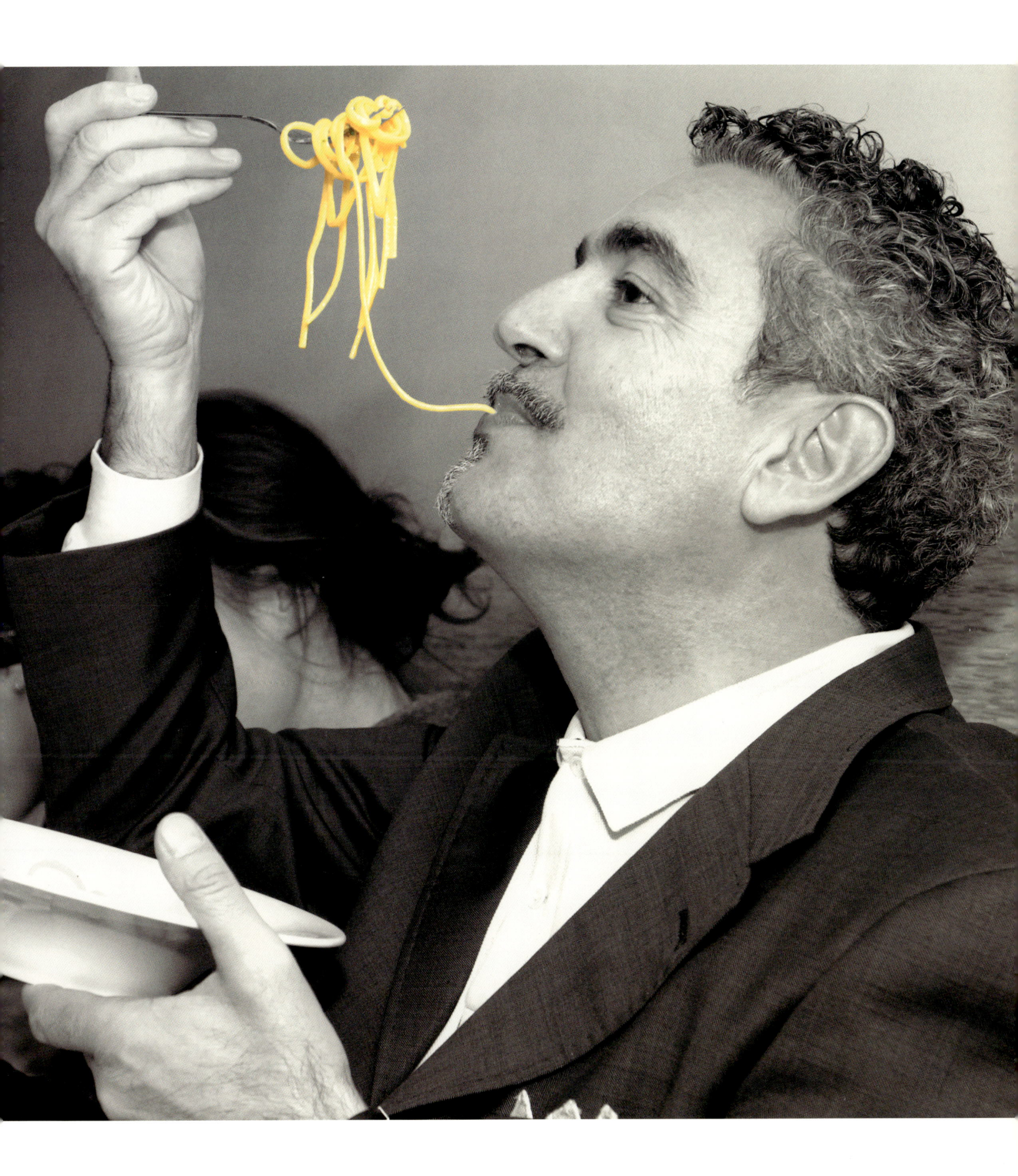

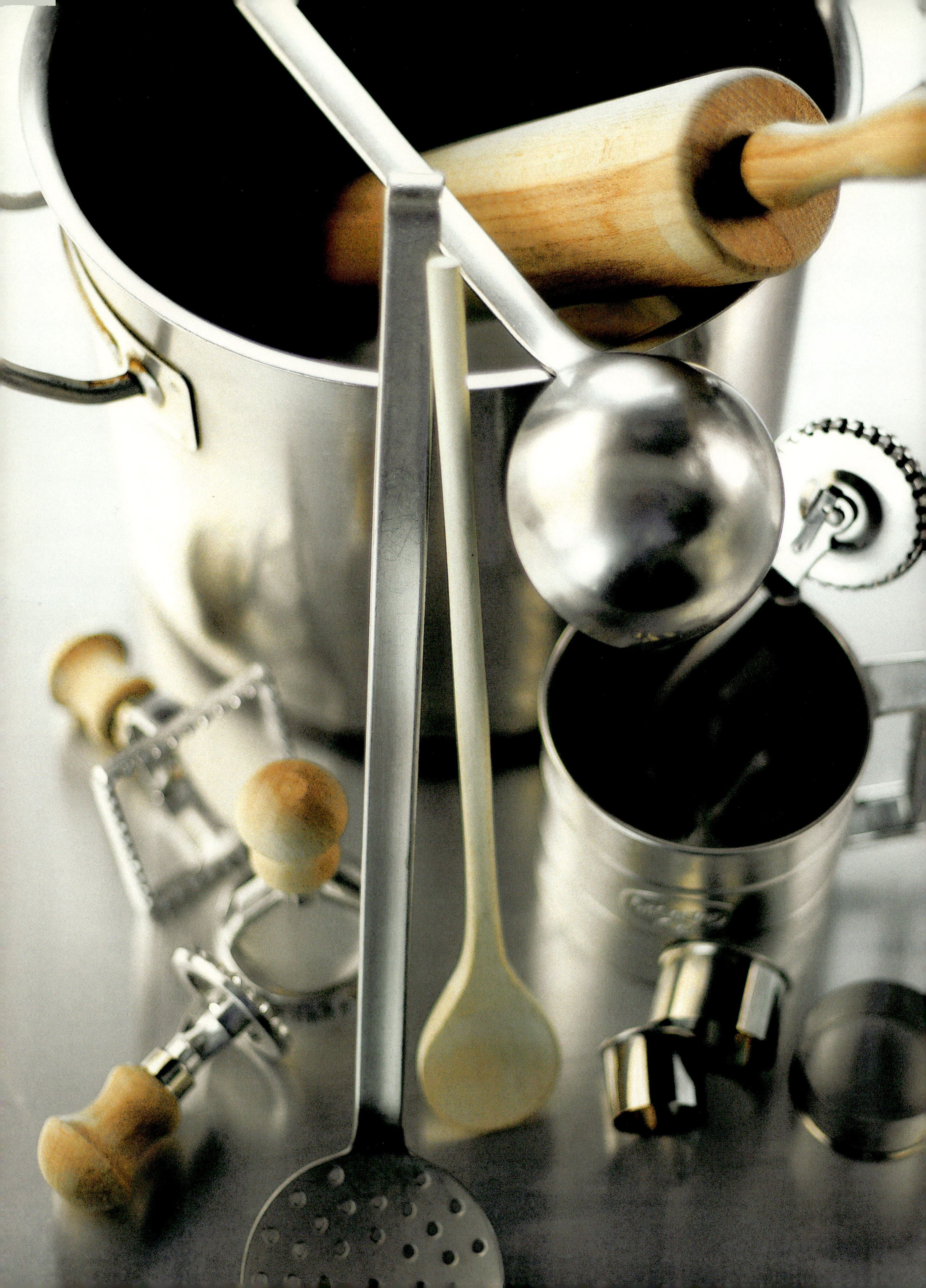

Pasta!

Mit großer Wahrscheinlichkeit geht das Wort Pasta auf einen griechischen Begriff zurück, der soviel wie »mit Flüssigkeit vermischtes Mehl« bedeutet.

Bereits etwa hundert Jahre vor Christus sind Cicero und Horaz ganz versessen auf die »Lágana«, das sind Fladen aus Mehl und Wasser ohne jedes Gärmittel, die, als Ganzes oder in dünne Streifen geschnitten, in Wasser gekocht wurden. Das Wort stammt von dem griechischen Begriff Laganoz, der in der lateinischen Sprache zu Lagagnum, Plural Lágana wurde, und eine aus dünnem Teig gebackene Pastete bezeichnet. Der Wortstamm findet sich noch heute in dem Wort Lasagne wieder. Schon damals waren die unterschiedlichsten Zubereitungsmethoden für Lágana bekannt.

Apicius, der im ersten nachchristlichen Jahrhundert lebte, dokumentierte schließlich in seinem Werk »De coquinaria libri« zum ersten Mal die Existenz einer Mehlmischung ähnlich der Pasta.

Wer erfand die Spaghetti?

Im Jahr 1244 verspricht ein Arzt aus Bergamo seinen Patienten, einem Genueser Wollhändler, dass er ihn von einem Abszess am Mund heilen könne, wenn er weder Fleisch noch Obst, weder Kohl noch Pasta zu sich nähme. Vergleicht man diese Zeitangabe mit dem Jahr 1292, in dem Marco Polo von seiner Reise aus China nach Venedig zurückkehrte, klären sich alle Zweifel, wer die Pasta erfunden hat. Nicht die Chinesen, wie immer behauptet wurde, haben sie kreiert, vielmehr war sie den Italienern bereits vor Marco Polos Rückkehr bekannt!

Allerdings kristallisierten sich erst im Mittelalter die entscheidenden Bestandteile der Pasta aus Mehl oder Hartweizengrieß, Wasser und manchmal auch Eiern heraus, ohne die die Pasta niemals zu dem modernen, beliebten Grundnahrungsmittel in seinen vielfältigen Formen – von schmal bis breit, von kurz bis lang, gefüllt oder röhrenförmig – geworden wäre. Selbst ihre Zubereitung in kochendem Wasser, Brühe oder auch Milch ist bis in die heutige Zeit gleich geblieben.

Der Siegeszug der Pasta aber ging erst einher mit der Erfindung der getrockneten und damit lange Zeit haltbaren Nudeln, die das ehemals von Hand gefertigte Produkt in ein industriell hergestelltes verwandelte und damit die Pasta für Transport und Vermarktung besonders geeignet machte. Diese letzte entscheidende Veränderung der Pasta in ihrer geschichtlichen Entwicklung ist den Arabern zu verdanken, die angeblich die Technik des Trocknens erfanden, um für ihre seit dem neunten Jahrhundert erfolgten Eroberungszüge genügend Lebensmittelvorräte zu schaffen, die sich trotz heißer Temperaturen gut konservieren ließen. Erhärtet wird diese Vermutung dadurch, dass in dem von der arabischen Kultur geprägten westlichen Teil Siziliens von Hand gefertigte Gerätschaften aus dem 12. Jahrhundert gefunden wurden, die der Zubereitung getrockneter Speisen dienten. Auch berichtet der berühmte islamische Geograf Abu Abdallah Mohammed Edrisi, der bekannteste Vermittler zwischen der christlichen und der arabischen Kultur, dass bereits damals schnurähnliche Teigfäden erzeugt wurden. Darauf verweist noch heute die Bezeichnung »Spaghetti«, deren Name auf den italienischen Begriff »spago«, zu Deutsch »Faden«, zurückzuführen ist. Edrisi erwähnt sogar die etwa dreißig Kilometer von Palermo entfernt gelegene Ortschaft Trabia, wo sich eine regelrechte Industrie angesiedelt hatte, die ausschließlich mit der Herstellung getrockneter Pasta, damals »Itrija« genannt, beschäftigt war. In dieser Region, so Edrisi, »wird soviel Pasta hergestellt, dass sie in alle Teile Kalabriens exportiert werden kann. Zahlreiche Schiffsladungen mit Pasta werden in andere christliche, ja selbst in muselmanische Länder verschickt.« Vermutlich waren es ebenfalls die Araber, die für die Verbreitung dieser langen, getrockneten Teigstreifen sorgten. Bildliche Darstellungen aus den *Tacuina Sanitatis,* den Rezeptsammlungen des 14. Jahrhunderts, geben Zeugnis davon.

So gingen also auf der italienischen Halbinsel zwei sehr unterschiedliche, sich aber doch überschneidende gastronomische Traditionen wie die römische und die arabische Küche, die sich beide wiederum aus anderen Kulturen heraus entwickelt hatten, einen Bund miteinander ein. Einige Kulturforscher gehen sogar davon aus, dass die Pasta ursprünglich aus Persien stammt und sich von da aus durch das Einwirken der Araber im Westen verbreitete. Sie wurde ebenso in den Osten exportiert, sodass sie auch in der chinesischen Gastronomie immer größeres Ansehen erlangte.

Jedenfalls begünstigte die bedeutende Rolle, die die Küstenstädte Genua und Pisa, Amalfi und Venedig im mittelalterlichen Handelssystem spielten, dass die verschiedenen Traditionen der Pastaherstellung auf der italienischen Halbinsel zusammentrafen, um dort im Laufe der Zeit weiter ausgearbeitet und verfeinert zu werden. Je vielfältiger sich die Pastaformen entwickelten, desto mehr verbreitete sich ihre Verwertung auch in der in Italien beheimateten Küche und Gastronomie, gleichgültig, ob es sich dabei um frische oder industriell hergestellte Produkte handelte. Auf dem Seeweg wurden die getrockneten Nudeln entlang der Küsten der italienischen Halbinsel und später in alle Länder des europäischen Kontinentes transportiert.

Im 12. Jahrhundert waren es vorwiegend die Kaufleute aus Genua, die für den Vertrieb der sizilianischen Pasta in die nördlichen Landstriche Italiens sorgten. Bald entwickelte sich Ligurien zum bedeutendsten Markt, um wenig später auch die wichtigste Produktionsstätte für Vermicelli-Nudeln und andere Pastaarten zu werden. Über Jahrhunderte hinweg bis in die Neuzeit wurden diese Gastronomieprodukte in der gesamten Kochbuchliteratur Italiens mit dem Etikett »Pasta aus Genua« versehen.

Im Lauf des 15. Jahrhunderts kam zu den bereits etablierten Produktionsstätten in Sizilien und in Ligurien die Region Apulien hinzu. In der Po-Ebene mit der Emilia Romagna, der Lombardei und Venetien bevorzugten die Menschen weiterhin die hausgemachte Pasta, eine Tradition, die diese Regionen bis heute auszeichnet.

Inzwischen gibt es auch zahlreiche Dokumente, die auf die Herstellung von frischer Pasta verweisen. So tauchen in den Küchen der Einsiedler von Camaldoli im emilianisch-toskanischen Apennin bereits selbst gemachte Lasagne, Tortelli und eine aus grob gemahlenem Mehl hergestellte Nudelsorte auf, die im 12. Jahrhundert nach einem genau den Gewohnheiten der Gemeinde entsprechenden Kalender zu bestimmten Gelegenheiten oder Festen gereicht wurden.

Innerhalb der verschiedenen Rezeptsammlungen aus dem 14. Jahrhundert beschreibt nur das neapolitanische *Liber de coquina* in allen Einzelheiten, wie die Lasagne hergestellt und gekocht und welche Sauce dazu gereicht werden soll. Der abschließende Ratschlag, die Speise mit einem zugespitzten Gerät aus Holz, mit einer *punctorio ligneo* zu verzehren, legt die Vermutung nahe, dass sie bereits mit der Gabel gegessen wurde. Die weiche Konsistenz und die Gefahr, sich an der gefährlich heißen Pasta die Finger zu verbrennen, erklärt, warum sich die Gabel auf italienischem Boden schon seit dem 14. Jahrhundert verbreitet hatte, während sich die übrigen Länder Europas noch im 17. und 18. Jahrhundert heftig dagegen verwahrten, den traditionellen Gebrauch der Hände aufzugeben.

Aus all dem lässt sich schließen, dass der Ursprung der Pasta im Mittelmeerraum anzusiedeln ist, von dem sie sich über Gesamteuropa verbreitete und schließlich, wahrscheinlich entlang der Seidenstraßen, ihren Weg zu den Chinesen fand, die sich – allerdings zu Unrecht – als die Stammväter der Pasta bezeichnen.

Heute hat sich die Pasta zu einem Nahrungsmittel entwickelt, das – ebenso wie das Buch – bis in den allerletzten Winkel der Welt verbreitet ist! Doch im Unterschied zu den Büchern ist die Pasta auf den ersten Blick erkennbar und für jeden erschwinglich. Mit ihr entstand eine handwerkliche und eine kaufmännische Kultur, die auf den Grundlagen von Geschmack, Geschick und Wissen basiert – ein Wissen, das aus den unterschiedlichsten, zeitlich und örtlich oft weit voneinander entfernten Bereichen zusammengetragen wurde.

Im Grunde zaubert uns der Genuss unserer Spaghetti bei jedem Biss unbewusst wieder ein wenig den Geschmack der antiken Welt auf die Zunge, die schon lange vergangen ist. Nur allzu gern beschwört die Pasta noch einmal diese längst vergangenen Tage herauf und lässt uns ihrer gedenken!

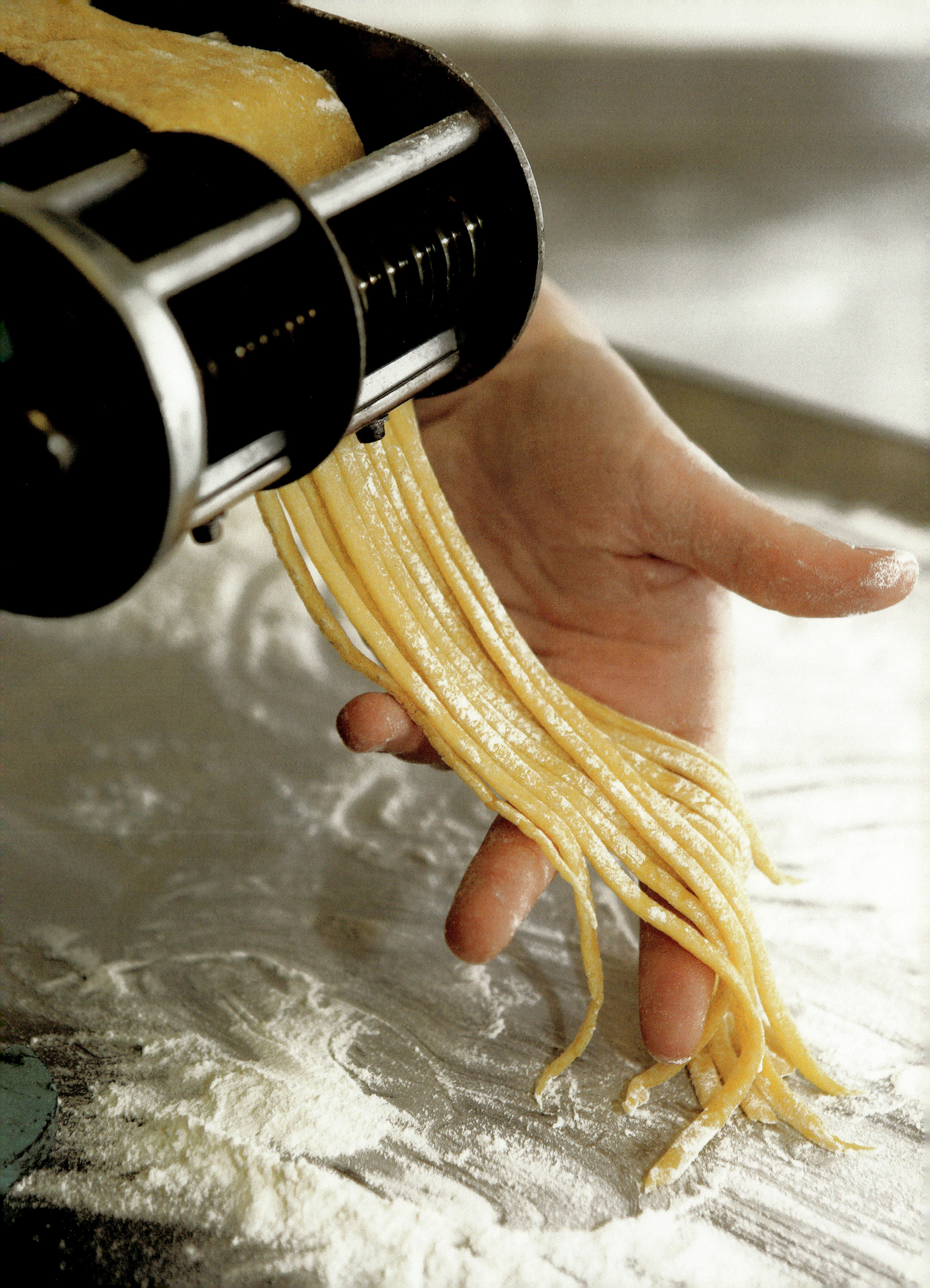

Die Pastasauce

Zu einer gehaltvollen Pasta gehört eine wohlschmeckende Sauce. Als Erstes ist da der Käse zu nennen, der – oft mit Gewürzen angereichert – die Pasta von der Frühzeit bis über das 18. Jahrhundert hinaus begleitete. »Man muss wissen, dass sowohl bei Lasagne als auch bei den *Croseti* (runde, daumengroße Nudeln, die mit dem Finger eingerollt wurden) eine große Menge geriebenen Käses hinzugefügt werden muss«, bestätigt das *Liber de coquina,* wobei neben dem Gratatum, dem geriebenen Käse, der Käse auch in Scheiben geschnitten oder geschabt, also *incisum,* verwendet werden konnte, auch wenn der geriebene Käse die verbreitetste Spielart war. So ergab sich die überzeugende Mischung aus Pasta und Käse bereits zu den Anfängen der Pasta, deren delikateste Variante, wie sich später herausstellen sollte, der Parmesan aus Piacenza oder Lodi ist.

Es gibt kein Kochbuch, das diese Tatsache nicht hervorhebt. Ja selbst die vergleichsweise recht neue Kombination aus Pasta und Tomatensauce, deren Siegeszug gegen Ende des 18. Jahrhunderts begann und der seit den Zwanzigerjahren des 19. Jahrhunderts auf dem Höhepunkt angelangt ist, wird daran wohl kaum etwas ändern können.

Käse und Tomaten, getrennt oder miteinander verbunden, bilden die Pastasauce, die typisch für Italien ist und überall gegessen wird. Nur in der neapolitanischen und in der französischen Küche nimmt diese besondere Stellung die mit Fleisch zubereitete Sauce ein.

Vom 15. Jahrhundert an wird Käse nicht mehr mit Speck hergestellt. Nun wird Butter zum Käse gegeben, der dadurch wesentlich milder und geschmeidiger wird.

Mit Vorliebe werden neben Käse auch Gewürze über die Pasta gestreut, die nach Meinung von Bartolomeo Scappi, dem zur Zeit der Renaissance wohl berühmtesten Koch, unbedingt »süß« sein mussten. Auf Zucker und Zimt sollte ebenso wenig verzichtet werden wie auf Käse, sodass in seinem im Jahr 1570 erschienenen Kochbuch *L'Opera* jedes Pastagericht »mit darüber gestreutem Käse, Zimt und Zucker« vollendet wurde.

Das erste Rezept, bei dem Pasta mit Tomaten serviert wurde, stammt aus dem Jahr 1839 und erschien in der zweiten Auflage des im neapolitanischen Dialekt geschriebenen, »theoretisch-praktischen« Werks *Cucina Casareccia* (Hausmannskost) von Ippolito Cavalcanti, Herzog von Buonvicino (1787–1860).

Mit der wachsenden Verbreitung der Pasta war der kreativen Zusammenstellung schmackhafter Nudelsaucen kaum mehr Grenzen gesetzt. Schon bald produzierte jede Region und jede Stadt ihre typischen Sugi, selbst einzelne Familien entwickelten fern aller starren Rezeptvorlagen ihre eigene, persönliche Interpretation eines Nudelgerichts. Auf diese Weise entstand eine Vielzahl an Gerichten, bei denen die Pasta um gehaltvolle Saucen auf Basis von Fleisch, Fisch oder Gemüse bereichert wird. Bildet sie dagegen den ersten Gang eines Menüs, werden einfachere und leichtere Saucen gereicht.

In jedem Fall schmeckt Pasta so neutral, dass jede Zutat mit ihr kombiniert oder auch durch sie betont werden kann. Hauptsache allerdings ist, dass der gesunde Menschenverstand die Fantasie nicht überschäumen lässt und gleichzeitig einige grundlegende Regeln beachtet werden.

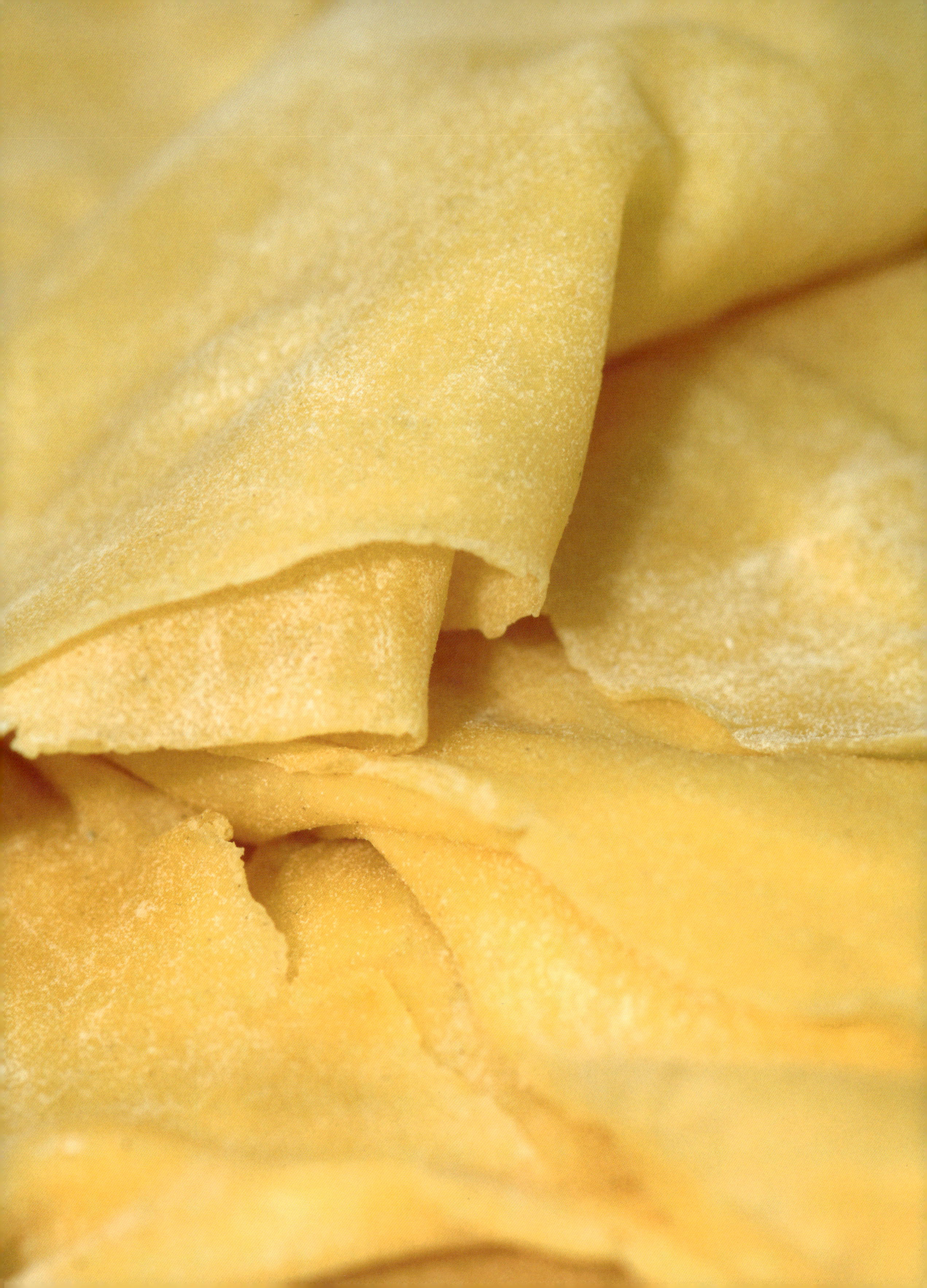

Als Erstes ist da natürlich die Ernte des Getreides zu nennen. Anschließend folgen:

1. Die Auswahl: Für das Mahlen wird das Getreide nach hygienischen Gesichtspunkten und biochemischen Eigenschaften ausgewählt, wobei größter Wert auf die beste Qualität gelegt wird.

2. Das Mahlen: Danach wird das Getreide zur Mühle gebracht, durchgesiebt und von den Unreinheiten der Ernte gereinigt. Durch den anschließenden Mahlvorgang wird Grieß von hervorragender Qualität erzielt. Für die Herstellung von Pasta wird ausschließlich Hartweizengrieß verwendet, während der Weichweizen und das aus ihm gewonnene Mehl für Bäckereien und die Süßwarenindustrie bestimmt ist.

Wie die Pasta hergestellt wird

3. Das Mischen und Kneten des Teigs: Der Hartweizengrieß wird mit reinem Wasser vermischt. Auf diese Weise löst sich das pflanzliche Eiweiß, sodass sich das Gluten oder Klebereiweiß bildet. Seine gummiähnliche Eigenschaft fügt, wie ein Netz aus Proteinen, die Stärkepartikel zusammen, sodass der Teig seine charakteristische Beschaffenheit annimmt. Das anschließende Durcharbeiten und Kneten macht den Teig homogen und elastisch. Pasta ist ein Nahrungsmittel, das ausschließlich mit Hartweizengrieß verarbeitet wird, dessen Endfeuchte 12,5 Prozent nicht übersteigen darf.

4. Das Abkühlen: Nach dem Trocknen folgt das Abkühlen, bei dem die Pasta von der Temperatur der Trocknungsanlage auf Raumtemperatur abgekühlt wird. Anschließend wird sie nur noch in Kartons oder Folien verpackt, die die Aufgabe haben, das Produkt vor Verunreinigungen zu schützen. Zudem präsentieren sie die verschiedenen Pastasorten auf eine Weise, die dem Verbraucher alle Informationen vermittelt.

5. Das Abpacken: Tatsächlich gibt es kein natürlicheres Lebensmittel als getrocknete Pasta. Konservierungsstoffe wie Farbstoffe, chemische Zusätze oder auch nur Salz sind nicht nötig, da das Trocknen eine sehr lange Haltbarkeit garantiert.

Die Qualität der Pasta ist immer von der Qualität des Gluten abhängig. In der getrockneten Pasta ist Stärke in Form von granulierten Partikeln enthalten, zwischen denen sich die Proteine in regelmäßiger Form anordnen und so das Gluten bilden. Wird die Pasta gekocht, werden die Stärkepartikel aufgebläht und somit löslich, während die Proteine unlöslich bleiben und wie ein Netz die Stärke zusammenhalten. Damit wird der Pasta beim Kochen eine gute Bissfestigkeit garantiert!

Gewürze und Aromen

Die Natur hat uns mit einer Fülle verschiedenartigster Geschmacksrichtungen beschenkt, die schier unerschöpflich zu sein scheint. So kann durch eine bestimmte Zutat aus einem einfachen Nudelgericht ein berauschendes Festmahl werden. Dabei ist allerdings zu beachten, dass nicht allzu viele Geschmackszutaten in einem Gericht verwendet werden. Der Umgang mit Gewürzen und Aromen sollte immer maßvoll bleiben. Bei der Zubereitung von Nudelsaucen auf italienische Art spielen bestimmte Kräuter eine sehr entscheidende Rolle:

Basilikum
Basilikum ist eine der kostbarsten Würzpflanzen. Seine aromatischsten Blätter sind die, die kurz vor dem Blühen geerntet werden. Sie enthalten einen höheren Anteil jener ölhaltigen Substanz, die ihr besonderes Aroma ausmacht.
Basilikum, die vielleicht typischste Pflanze in der Küche des Mittelmeerraums, stammt ursprünglich aus Indien. Der Name allerdings leitet sich ab vom griechischen Basilicon, das soviel bedeutet wie »königlich«. Bei den alten Römern war Basilikum das Sinnbild der Verliebten, gehörte aber bereits damals zu den in der Küche verwendeten Gewürzkräutern.

Petersilie
Ein anderes Gewürzkraut, das in der mediterranen Küche vorherrschend ist, ist die Petersilie. So verwundert es nicht, dass der Ausdruck »Peterle auf allen Suppen« einen Menschen bezeichnet, der überall dort auftaucht, wo sich etwas Wichtiges abspielt. Petersilie war bei allen antiken Völkern bekannt, besonders beliebt aber bei den Griechen, die gern ein Petersiliensträußchen auf dem Kopf trugen, wenn sie an einem Bankett teilnahmen. Denn das, so glaubten sie, würde den Appetit anregen. Petersilie muss immer frisch verwendet und sehr fein gehackt werden, bevor sie auf die fertig zubereitete Pasta gegeben wird.

Rucola oder Rauke ist ein Würzkraut, das sich durch einen besonders intensiven Geschmack auszeichnet und vorzugsweise bei der Zubereitung von langen Pastasorten verwendet werden sollte.

Oregano ist hervorragend für Tomaten- und Auberginensaucen geeignet, während Rosmarin, ein weiteres Sinnbild der mediterranen Küche, für Fleischsaucen verwendet werden sollte.

Salbei ist ideal für alle Saucen, die auf der Grundlage von Butter und Käse zubereitet werden, während sich Schnittlauch und Thymian besonders bei hellen Saucen bewährt haben.

Schließlich sei noch das Lorbeerblatt erwähnt, das sich besonders gut für dunkle Saucen und Füllungen aus Bratenfleisch eignet.

Normalerweise werden die Blätter der Gewürzkräuter verwendet, während ihre Blüten, auch wenn sie essbar sind, zur Dekoration des Gerichts dienen.

Beim Einkauf müssen Sie darauf achten, dass die Pflanzen grüne, unversehrte und fleckenlose Blätter haben. Sind sie in Beutel abgepackt, prüfen Sie nach, ob sie nicht bereits Schimmel angesetzt haben.

Frische Kräuter halten sich problemlos einige Tage im Kühlschrank. Verstauen Sie sie stets in dem am wenigsten kalten Bereich des Geräts und packen Sie sie in einen Gemüsebeutel oder geschlossenen Behälter – allerdings erst, nachdem Sie die Kräuter gewaschen und sorgfältig trocken getupft haben! Gehackt werden dürfen sie erst kurz vor Gebrauch. Sie können Ihre Kräuter auch in einem Glas mit kaltem Wasser aufbewahren, dabei sollte das Wasser allerdings häufiger gewechselt werden.

Falls Sie Ihre Kräuter selbst ziehen, pflücken Sie nur die bereits gut entwickelten Blätter ab. Benutzen Sie dafür eine Schere, damit die Stängel der Pflanze nicht beschädigt werden. Am besten pflücken Sie Ihre Kräuter am Morgen oder Abend. Falls Sie die Blüten nicht verwenden wollen, knipsen Sie sie ab, sobald sie aufgeblüht sind, da sie der Pflanze die Kraft nehmen und ihr Aroma mindern.

Falls Sie frische Kräuter zu Hause für den Winter trocknen wollen, empfehle ich Ihnen, das an einem möglichst dunklen, trockenen und gut belüfteten Platz zu tun und sie dazu in einer Schicht auf einem Blatt Papier auszulegen. Sobald die Kräuter durchgetrocknet sind, können Sie sie mit den Fingern zerkrümeln und zum Aufbewahren in dunkle Glasbehälter füllen. Vor der Verwendung sollten Sie die getrockneten Kräuter für eine halbe Stunde in Olivenöl legen, das Sie anschließend zum Kochen verwenden können.

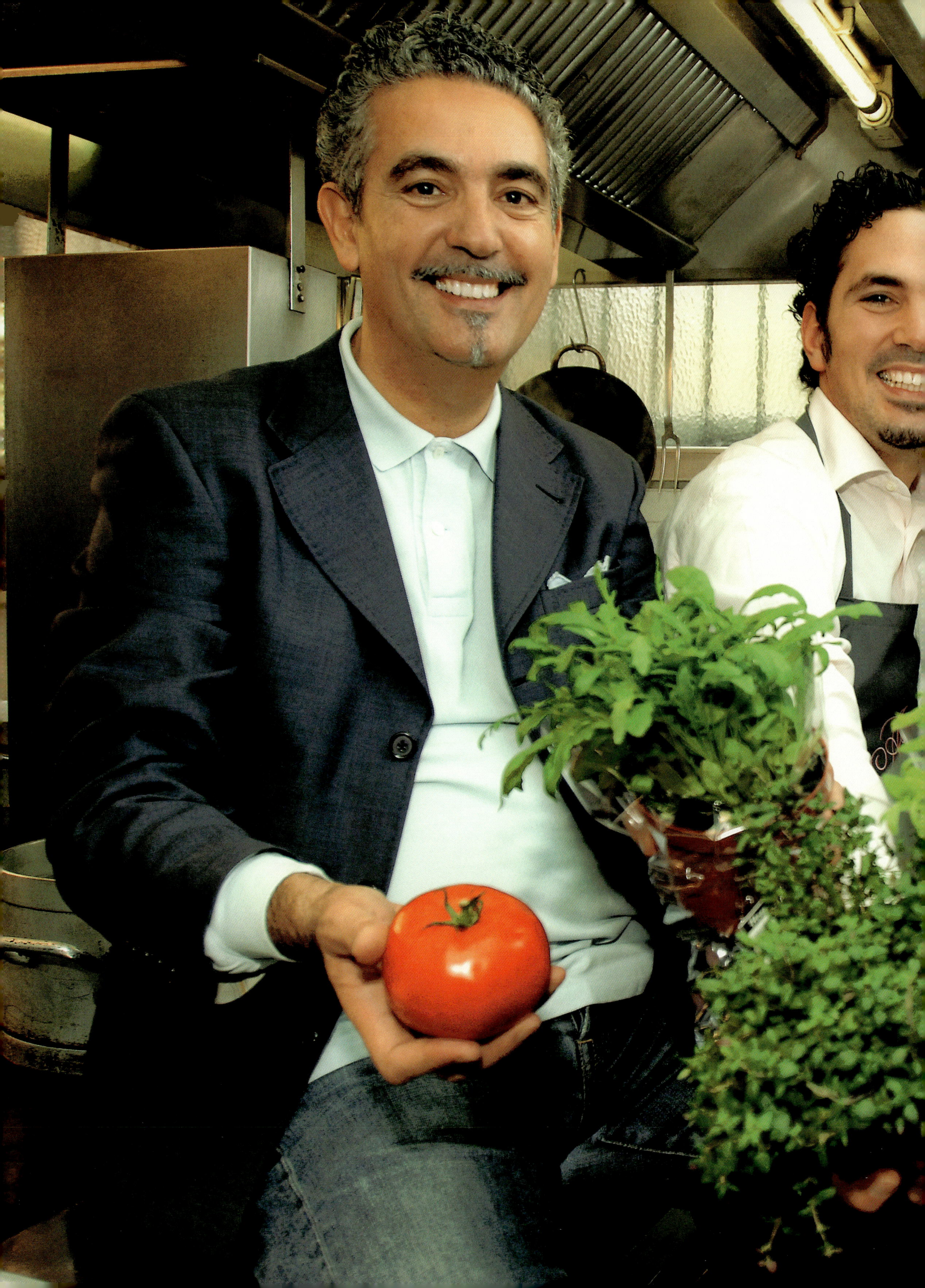

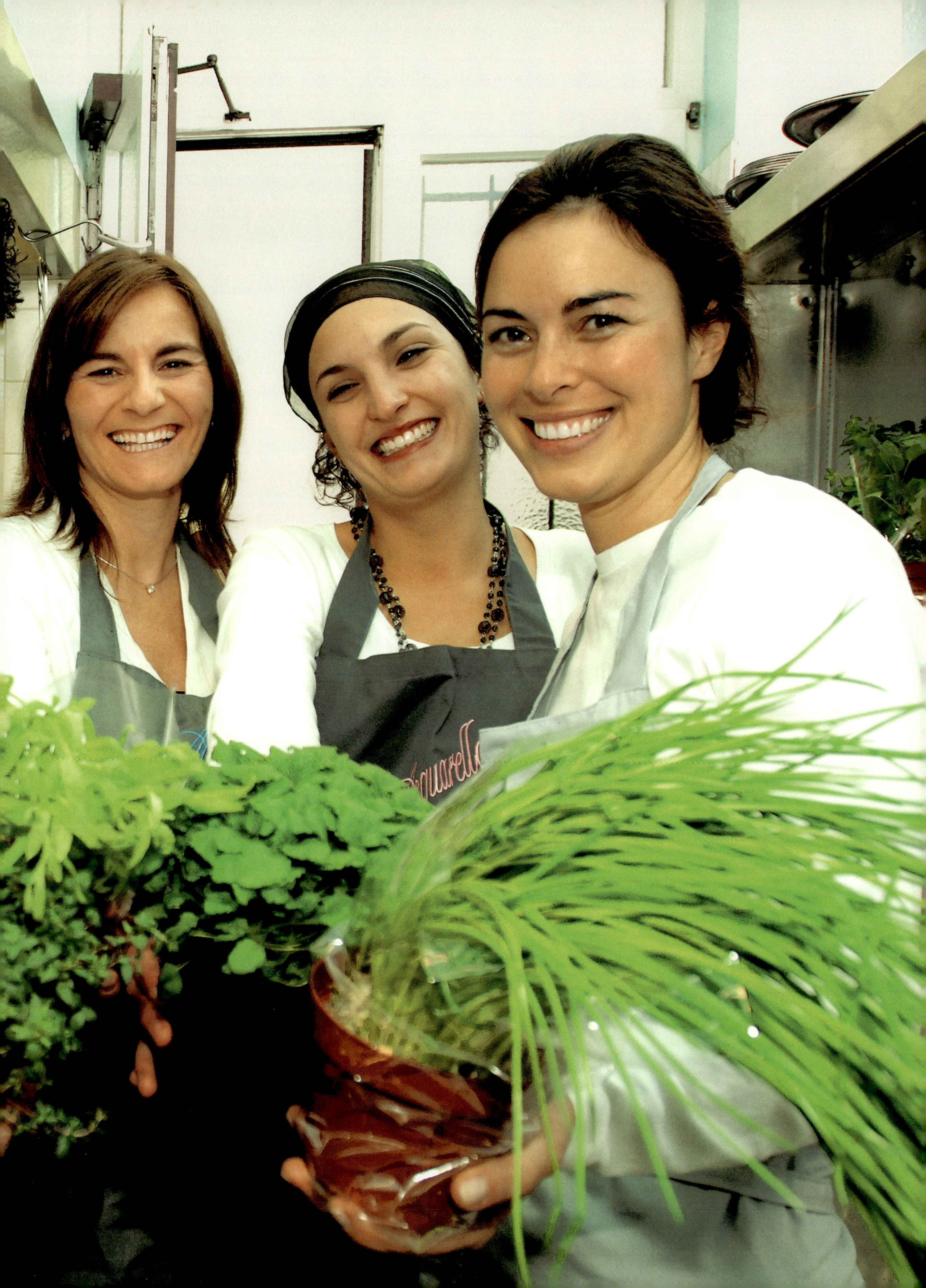

Die Tomaten

Aus diesem Gemüse, das die europäischen Küchen erst vor verhältnismäßig kurzer Zeit erreicht hat, lässt sich die bekannteste Sauce für die Pasta herstellen.

Der Anbau der Tomatenpflanze war in der präkolumbischen Zeit vor allem in Peru verbreitet. Es waren die Spanier, die sie im 15. Jahrhundert in Europa einführten, doch nicht als Speisegemüse, sondern als Zierpflanze. Als kulinarische Delikatesse hatte es die Tomate schwer, sich durchzusetzen, da der weit verbreitete Volksglaube herrschte, sie sei giftig. Berühmt ist die Anekdote, wie einige politische Gegner des nordamerikanischen Präsidenten Abraham Lincoln den Koch des Weißen Hauses dazu überreden wollten, ein Tomatengericht zuzubereiten, um Lincoln damit zu vergiften. Nachdem die Verschwörung aufgedeckt worden war, trug die Episode in verstärktem Maß dazu bei, dem amerikanischen Volk die Tomate als Speisegemüse bekannt zu machen. Selbst Präsident Lincoln entwickelte sich zu einem leidenschaftlichen Tomatenesser. Erst gegen Ende des 18. Jahrhunderts wurde die Tomate als Speisegemüse auch in Europa akzeptiert und in weiten Teilen Süditaliens und Südfrankreichs angebaut. So veröffentlichte Vincenzo Corrado, Koch am neapolitanischen Hof, in der Ausgabe des »Cuoco galante« von 1819 zahlreiche Rezepte mit gefüllten und gebratenen Tomaten; im Zusammenhang mit Pasta, oder gar mit Pizza, erwähnte er die Tomate in diesem Buch allerdings nicht.

Die geeignetsten Tomaten für Saucen sind meines Erachtens die birnenförmige, fruchtig aromatische Sorte San Marzano, die am Fuße des Vesuvs wächst, oder die traubenförmigen Pachino- oder Cocktailtomaten aus Mittel- oder Süditalien. Die kleinen und stark duftenden Tomaten aus Sardinien schmecken pur besonders gut.

Um die Tomaten zu schälen, werden sie in kleiner Anzahl in einem Topf mit kochendem Wasser überbrüht. Gibt man zu viele Tomaten in den Topf, sinkt die Temperatur des Wassers stark, es kocht nicht mehr sprudelnd und die Tomatenhaut lässt sich anschließend nur schwer abziehen. Sind die Tomaten sehr reif, reichen fünf Sekunden für den Brüheffekt, ansonsten benötigen Sie dafür zwischen 10 bis 15 Sekunden. Nach dem Brühen nehmen Sie die Tomaten rasch aus dem Topf und legen sie sofort in eine Schüssel mit kaltem Wasser. Lassen Sie die Früchte anschließend gut abtropfen und ritzen Sie sie dann mit einem Messer an, bevor Sie beginnen, die Haut, vom Stängel ausgehend, abzuziehen. Legen Sie die Tomaten danach in ein Sieb, sodass das Fruchtwasser ablaufen kann, dann schneiden Sie sie in kleine Würfel.

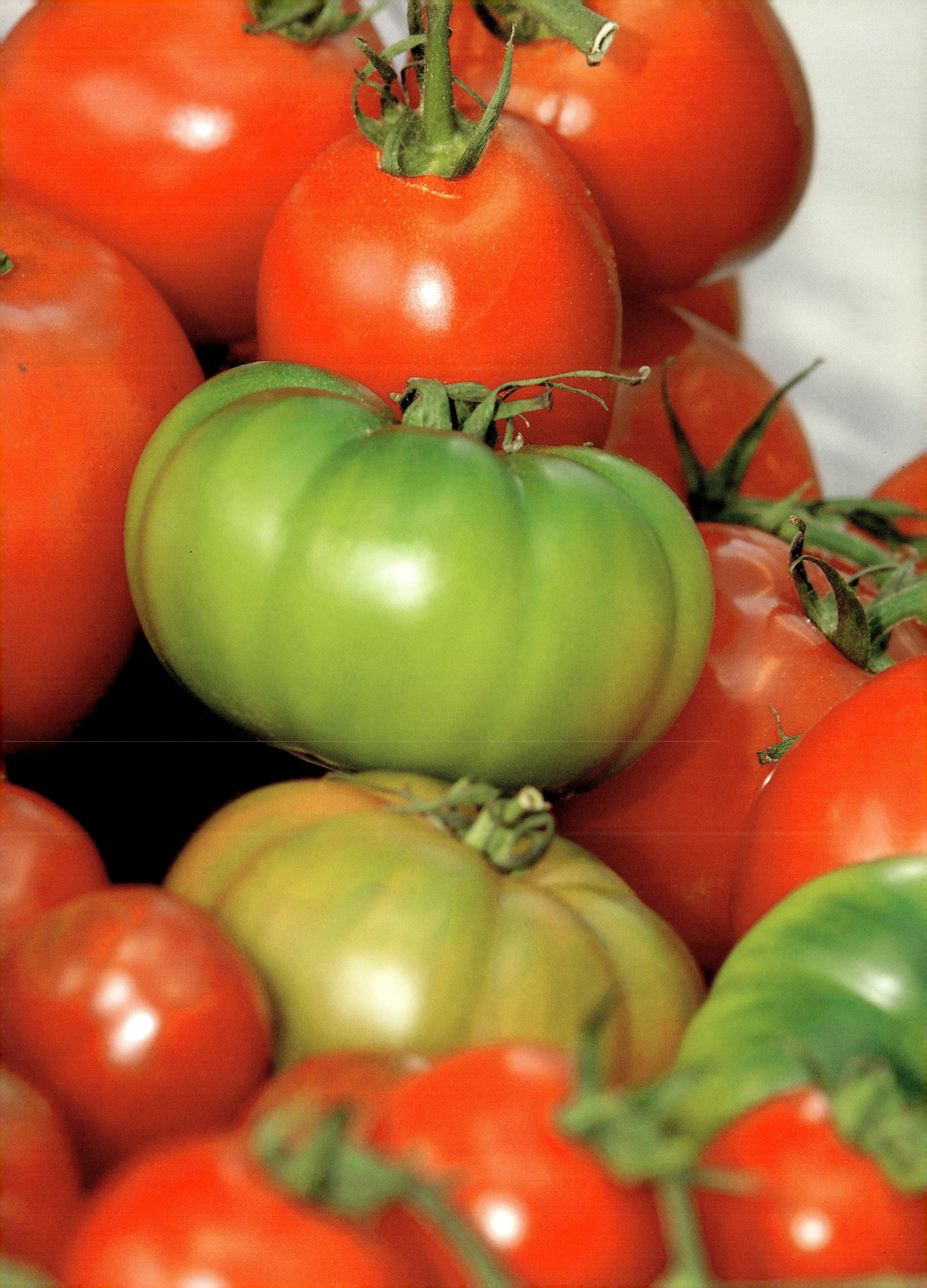

Die Käsesorten

Es gibt praktisch keine Pasta, die sich nicht mit Käse kombinieren lässt. Käse ist zudem eine wichtige Komponente der Füllungen und wird bei der Zubereitung vieler Saucen verwendet. Hier folgt nun eine Zusammenfassung von Käsesorten, die den Geschmack einer Pasta besonders und einmalig machen. Klassifiziert werden die Käsesorten jeweils nach der zur Zubereitung verwendeten Milch, also entweder Kuh- oder Büffelmilch, Schafs- oder Ziegenmilch, oft auch einer Mischung aus den letzten beiden. Ebenso kann man die verschiedenen Sorten nach der Konsistenz der Käse hinsichtlich ihres Reifegrads unterteilen. Das ist von großer Bedeutung …

Käsesorten aus Kuhmilch, die über eine frische, weiche Masse verfügen, eignen sich besonders gut für eine Zubereitung mit duftenden Kräutern, bei der anschließend die Pasta »in bianco« (weiß, mit Butter) abgeschmälzt wird. Typisch für diese Sorten sind der Taleggio oder Crescenza. Auch Sorten wie der Gorgonzola mit ihrer mit Blauschimmel versetzten Masse sind ideal für Füllungen oder Sahnesaucen. Sie garantieren einen so deftigen Geschmack, dass Sie sich vorher überlegen müssen, wie viel Sie verwenden wollen, um das gewünschte Geschmacksergebnis zu erreichen.

Darüber hinaus gibt es Käsesorten mit halbfester Masse oder kürzerer Reifezeit wie den Fontina, der sich ideal zum Überbacken von Nudeln im Ofen oder für Füllungen eignet. Ganz anders verhält es sich mit den Sorten, die von harter Masse sind wie der Parmesan aus Reggio Emilia (Parmigiano Reggiano) sowie die verschiedenen Sorten des Pecorino. Fast immer wird dieser Käse gerieben verwendet, da ein Pastagericht ohne die Zugabe dieses bedeutenden Protagonisten beinahe undenkbar scheint.

Nicht zu vergessen sind natürlich die Filata-Sorten (von italienisch: filare, ziehen), die in vielen Rezepten für gefüllte oder auch getrocknete Pastasorten verwendet werden und hervorragend zu Gemüse und weißem Fleisch passen. Zur Herstellung von Filata-Käse wird der Käsebruch eine Weile stehen gelassen, dann aus der Molke gehoben und mit etwa 80 °C heißem Wasser überbrüht. Anschließend wird die heiße Masse unter Rühren, Kneten und Ziehen zu einem weichen, formbaren Teig verarbeitet, von dem gleichmäßige Stücke abgetrennt werden. Dieser Brühkäse wird meist zu einer Kugel, einem Zopf oder zu einer anderen typischen Gestalt geformt und danach zum Abkühlen in ein kaltes Wasserbad und anschließend in eine Salzlake oder Molke gelegt. Je länger der Käse im Salzbad liegt, desto salziger im Geschmack wird er. Der Filata wird frisch verkauft oder durch Trocknung (oder Räucherung) weiterverarbeitet.

Parmigiano Reggiano

Der König der italienischen Käse wird ausschließlich in den Provinzen Parma, Reggio Emilia, Modena, Bologna und Mantua, also entlang der rechten Uferseite des Po, hergestellt. Die Milch stammt von Kühen, die nur mit Gras oder Heu gefüttert wurden. Die unbehandelte, am Abend und Morgen gemolkene Rohmilch wird durch das Abschöpfen der Rahmschicht teilentrahmt, dann in riesigen Kesseln vorsichtig erwärmt und mit Lab versetzt. Die Rinde des Parmigiano Reggiano ist hart und von goldgelber Farbe, sie wirkt wie geölt und misst zwischen zwei und sechs Millimetern Dicke. Die Käsemasse ist von leicht strohgelber Farbe und hat eine körnige, in Schuppen abbrechende Struktur. Geschmack und Aroma müssen dem Charakter des Käses entsprechen und zart und knusprig, duftig und würzig, aber keinesfalls scharf sein. Aufschluss über die Herkunft des Käses geben die Zeichen, die kreisförmig auf den Laib geprägt sind und in feiner Lochschrift die Aufschrift »Parmigiano Reggiano« tragen, sowie die Betriebsnummer der Käserei, den Monat und das Jahr der Herstellung, wie auch die Aufschrift DOP (Denominatione d'Origine Protteta, das italienische Siegel für Produkte mit geschützter Herkunftsbezeichnung) und den Stempel »Consorzio tutela« (das ist das Schutzkonsortium, das bestätigt, dass es sich um Originalparmesan handelt).

Der Taleggio-Käse

Herkunftsgebiet ist das Val Taleggio, ein Tal bei Bergamo, das bereits Anfang des 10. Jahrhunderts diesem Käse seinen Namen gab, um dadurch die hochwertige Herstellungsart des Taleggio von der anderer Käsesorten zu unterscheiden. Die Reifung dieses Käses mit zartem Oberflächenschimmel und mildem Aroma findet oft noch in Naturgrotten, den sogenannten Casere, statt. Der Taleggio ist ein recht fetthaltiger Weichkäse, aus der Rohmilch von Kühen hergestellt, und ist trotz seiner geschmeidigen Konsistenz recht kompakt. Das durchschnittliche Gewicht eines Taleggio-Laibs liegt bei etwa zwei Kilogramm.

Mascarpone

Dieser fetthaltige Frischkäse, der ursprünglich aus dem Gebiet um Lodi in der Lombardei stammt, wird ausschließlich aus der frischen Sahne von Kuhmilch hergestellt. Diese wird auf eine Temperatur von 90 °C erhitzt und dann mit Zitronensäure versetzt, um die Gerinnung zu garantieren. Nach zweimaligem Abtropfen der Molke ist der Mascarpone cremeartig und hat eine feine Säure. Er ist aber nicht lange haltbar.

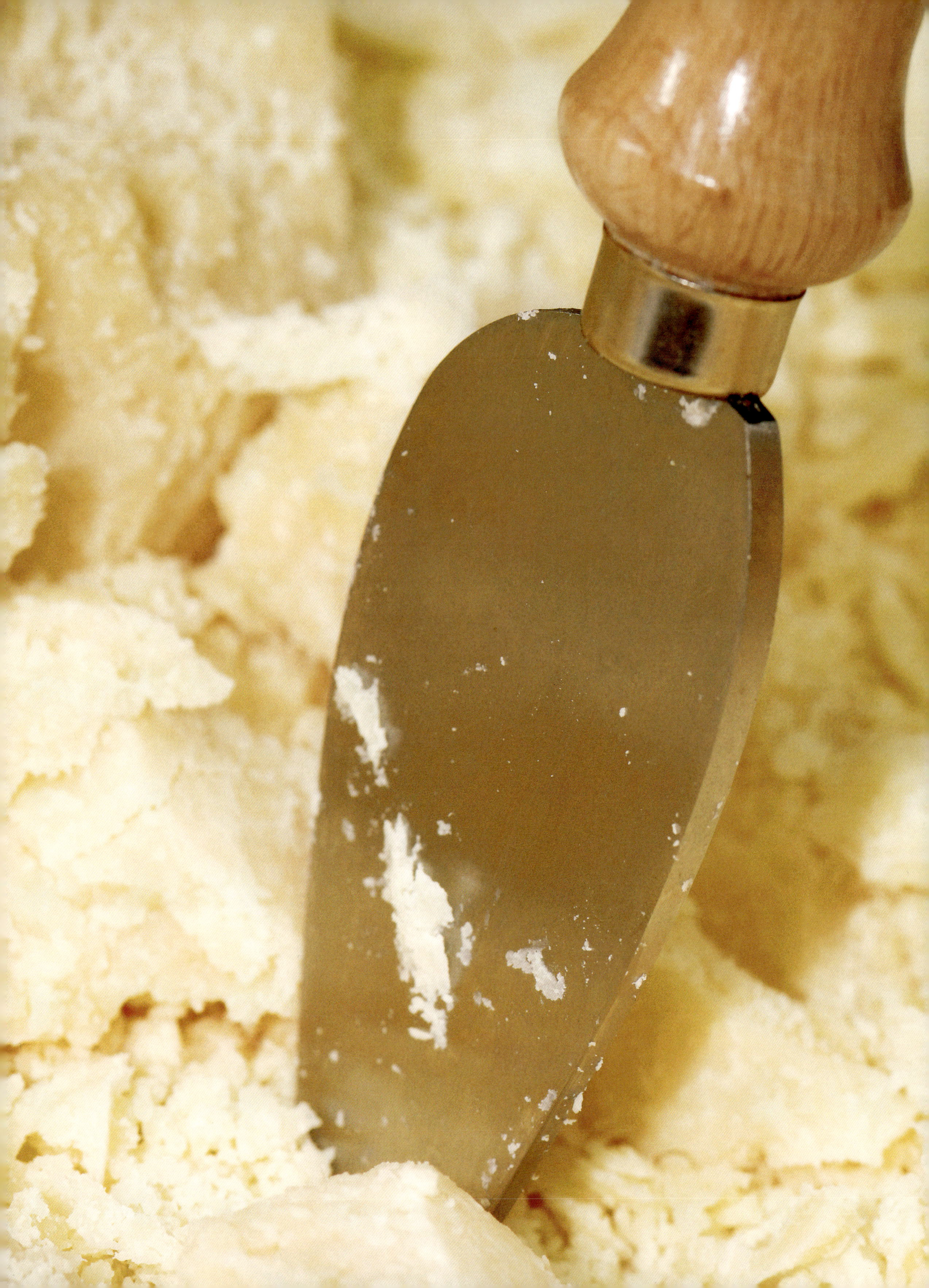

Ricotta

Der leicht krümelige Ricotta sieht zwar aus wie ein Käse, ist aber keiner, da er nicht aus der frischen Milch hergestellt wird. Vielmehr ist er ein Folgeprodukt der Herstellung von Hartkäse und besteht aus reiner Molke.

Sie wird nach Zusatz von Zitronensäure auf 90 °C erhitzt, sodass das in ihr enthaltene Eiweiß gerinnt und an die Oberfläche steigt. Anschließend wird dieser Frischkäse abgeschöpft und zum Abtropfen in Behälter gefüllt, die mit Löchern versehen sind. Was danach übrigbleibt, ist der Ricotta.

Mozzarella di Bufala campana

Dieser nach der Filata-Methode gewonnene Frischkäse wird aus Büffel-Vollmilch hergestellt. Er wird in Kugel- oder Zopfform angeboten und besitzt eine Struktur aus vielen feinen, aufeinandergeschichteten Blättern; sein Gewicht variiert zwischen 30 und 600 Gramm. Anschließend wird er in Rahm, in eine milde Salzlake oder Molke eingelegt und in den Handel gebracht. Seine rindenlose Oberfläche ist glatt und glänzend, beim Anschneiden tritt eine milchige Flüssigkeit aus, die einen angenehmen Duft ausströmt. Seine Masse ist von porzellanweißer Farbe und darf keine Löcher aufweisen.

Fontina

Dieser typische Käse, der aus dem Aostatal stammt, wird bereits seit dem Mittelalter aus der rohen Vollmilch von Kühen hergestellt. Sobald der Fontina in den Handel gelangt, hat er bereits eine Reifezeit von mindestens drei Monaten hinter sich. Die helle, cremefarbige Käsemasse besitzt einen weichen Kern und hat unregelmäßig verteilte Gärlöcher von der Größe einer Erbse. Seine Rinde variiert je nach Reifegrad von rötlichem Goldbraun zu dunklem Haselnussbraun und bleibt selbst nach der drei- bis viermonatigen Reifung dünn und weich.

Pecorino romano

Ein Hartkäse aus roher Schafs-Vollmilch, der, thermisiert oder »nachgewärmt«, im Latium ausschließlich von November bis Juni hergestellt wird. Seine Rinde ist goldgelb bis haselnussbraun, während die Käsemasse von cremigweißer bis leicht strohgelber Farbe und kompakter Struktur ist. Seine aromatische Würze macht ihn zu einem vorzüglichen Tafelkäse, wenn er innerhalb von acht Monaten Reifezeit verzehrt wird. Nach dieser Zeit eignet er sich hervorragend als Reibekäse für Pastagerichte, ist aber schärfer als der Parmigiano reggiano.

Pecorino sardo

Ein Käse aus halb gekochter Masse, der aus Schafs-Vollmich hergestellt wird. Seine Rinde ist glatt und geht von einer schwachen strohgelben Farbe zu einem typischen

Braunton über. Seine Masse ist bei den jungen Laiben, die zur besseren Haltbarkeit in ein Bad aus kochender Salzlake getaucht werden, von zarter und elastischer Konsistenz, die bei fortschreitender Lagerung zunehmend fester wird. Er erlangt bei den bis zu drei Monaten gereiften Laiben einen vollen, wenn auch milden Geschmack, der sich nach einer Reifezeit von mehr als acht Monaten sehr angenehm pikant weiter entwickelt.

Pecorino siciliano

Ein Käse, der ausschließlich von Oktober bis Juni aus der rohen Schafs-Vollmilch hergestellt wird. Nach der Gerinnung wird er für mehrere Stunden in kochender Salzlake abgebrüht. Seine Reifezeit beträgt mindestens drei bis acht Monate und seine gelblich-weiße Rinde trägt den Siegelabdruck der Binsenkörbe, die in der Käserei verwendet werden, aus der er stammt. Seine Masse, die eine harte, kompakte Konsistenz aufweist, ist weiß oder strohgelb und enthält viele kleine Löcher. Der Geschmack des Pecorino siciliano ist pikant und würzig.

Provolone

Der Provolone, ein in verschiedenen Regionen Italiens hergestellter Kuhmilchkäse, ist ein sogenannter Filata-Käse, der nach dem Abbrühen von Hand in verschiedene Formen wie Kegel, Birnen, Melonen oder die beliebte zylindrische Wurstform gepresst, anschließend mit einem Bindfaden umwickelt und von einer dünnen, gelben Paraffinschicht ummantelt oder in Plastik verpackt wird, um während des Reifeprozesses jede Schimmelbildung zu vermeiden.
Provolone wird das ganze Jahr über in zwei Sorten hergestellt, als milder Provolone dolce, der mit dem Zusatz von Kälberlab hergestellt wird, und als würzigerer Provolone piccante unter Verwendung des Labs von Ziegen oder Schafen oder einer Mischung aus beiden.
Der milde Provolone ist nach etwa zwei bis drei Monaten reif und von weißer bis hellgelber Farbe. Seine Masse ist zwar weich und butterig, weist aber trotz aller Elastizität eine kompakte Struktur auf, in der einige unregelmäßige Bruchlöcher und Risse enthalten sind, die *Sfoglie* (Blättchen) genannt werden. Er hat einen milden, cremigen Geschmack, der bei einem älteren Provolone zunehmend kräftiger und pikanter ist.

Caciocavallo

Von der Konsistenz her ist der Caciocavallo wie der Provolone ein Käse vom Typ Filata aus vollfetter Kuh- oder Schafsmilch. Sein Laib ist entweder rund, birnen- oder spindelförmig und hat oben einen kurzen Hals, der mit einem Bindfaden umschnürt ist. Seine Rinde besteht aus einer glatten, goldgelben Paraffinschicht, während die gleichmäßig feste Käsemasse mit nur wenigen Bruchlöchern je nach Reifegrad eine cremeweiße bis strohgelbe Farbe hat. Bis zu einer Reife von bis zu zwei Monaten schmeckt er mild-süßlich, aber delikat. Dauert die Reifezeit länger, wird sein Aroma zunehmend charaktervoll und pikant. Bei einer Reifung von mehr als zwölf Monaten ist er ideal für Pastagerichte geeignet, da er sich hervorragend reiben lässt.

Gorgonzola

Dieser Weichkäse wird in mehreren Provinzen der Lombardei und des Piemont hergestellt und hat seinen Namen von dem gleichnamigen Ort, zwanzig Kilometer nordöstlich von Mailand gelegen.

Hergestellt aus der vollfetten Rohmilch von Kühen, werden dem Gorgonzola Edelschimmelkulturen des Penicillium gorgonzola hinzugefügt, die mit Kupfer- oder Edelstahlnadeln in die Käsemasse hineingestochen werden. Die blaugrünen Schimmeladern durchziehen in unregelmäßiger Form das Innere der weißgelblichen Masse und verbreiten sich zunehmend weiter.

Je nach Art der Herstellung und dem Reifegrad ist die Konsistenz des Gorgonzola mehr oder weniger cremig, auch wenn er trotz aller Milde seinen charakteristischen, leicht pikanten Geschmack hat. Die dicke rötliche Rinde des Gorgonzola ist ziemlich rissig und weist stellenweise graue Schimmelflecken auf.

Pilze und Trüffeln

Pilze und Trüffeln mit Pasta zu verbinden, ist ein Muss! Die beliebtesten Sorten unter den Edelpilzen sind Steinpilze, Kaiserlinge, Pfifferlinge und Morcheln, vor allem aber Trüffel. Sie alle leben in Symbiose mit Bäumen und anderen Pflanzen des Waldes und lieben besonders die Lichtungen.

Steinpilze

Der neben den Trüffeln wohl begehrteste Pilz ist der Steinpilz, der in vier verschiedene Pilzarten vorkommt.

Der *Boletus edulis,* der vom Spätsommer bis in den Herbst hinein wächst, ist häufig an kühlen Stellen unter Nadel- oder Laubbäumen zu finden. Besonders gut ist er an seinem dicken Stiel und dem im Alter immer ausladender werdenden, oft bis zu zwanzig Zentimeter breitem, schmierigem Hut zu erkennen, dessen Farbe von einem cremigen Weiß bis zu einem dunklen Braun variieren kann.

Der *Boletus pinicola,* der zu Beginn und am Ende der Pilzsaison zu finden ist, wird auch als Kältesteinpilz bezeichnet. Er wächst unter Laubbäumen wie Kastanien und Buchen sowie unter Nadelbäumen wie Tannen und Kiefern. Mit Vorliebe lebt er in der Nachbarschaft von Heidelbeeren; er duftet weit weniger als der *Boletus edulis,* wird dafür aber sehr groß.

Der *Boletus reticulatus* zeigt sich auf grasbewachsenen Lichtungen bereits im Mai, weshalb er auch Sommersteinpilz genannt wird. Er hat einen milden, nussartigen Geschmack und hat von allen Steinpilzen den intensivsten Geruch.

Der *Boletus aereus,* auch schwarzer Steinpilz genannt, wächst ausschließlich in den Weinbaugebieten des südlichen Europa, vorzugsweise unter Eichen und anderen Laubbäumen. Er besitzt einen ockerfarbenen Stiel und einen trockenen Hut von rot- bis dunkelbrauner Farbe mit weißlichen Marmoräderungen, der bis zu dreißig Zentimeter breit werden kann.

Kaiserling

Der essbare Kaiserling *Amanita caesarea,* auch Guter Kaiserling genannt, gedeiht in sehr warmen, trockenen Regionen mit Vorliebe unter Eichen, Kastanien oder in Pinienwäldern. Beim Heranwachsen ähnelt er einem dicken, weißen Ei, aus dem der Pilz wie der Dotter herauswächst, der am Rand von einem dunklen Gelb ins Orangefarbene übergeht. Im erwachsenen Stadium verfärbt sich der gesamte Hut in ein sattes Orange und eignet sich in der ersten Phase ideal zum rohen Verzehr mit Olivenöl und Petersilie sowie natürlich zu Pastagerichten.

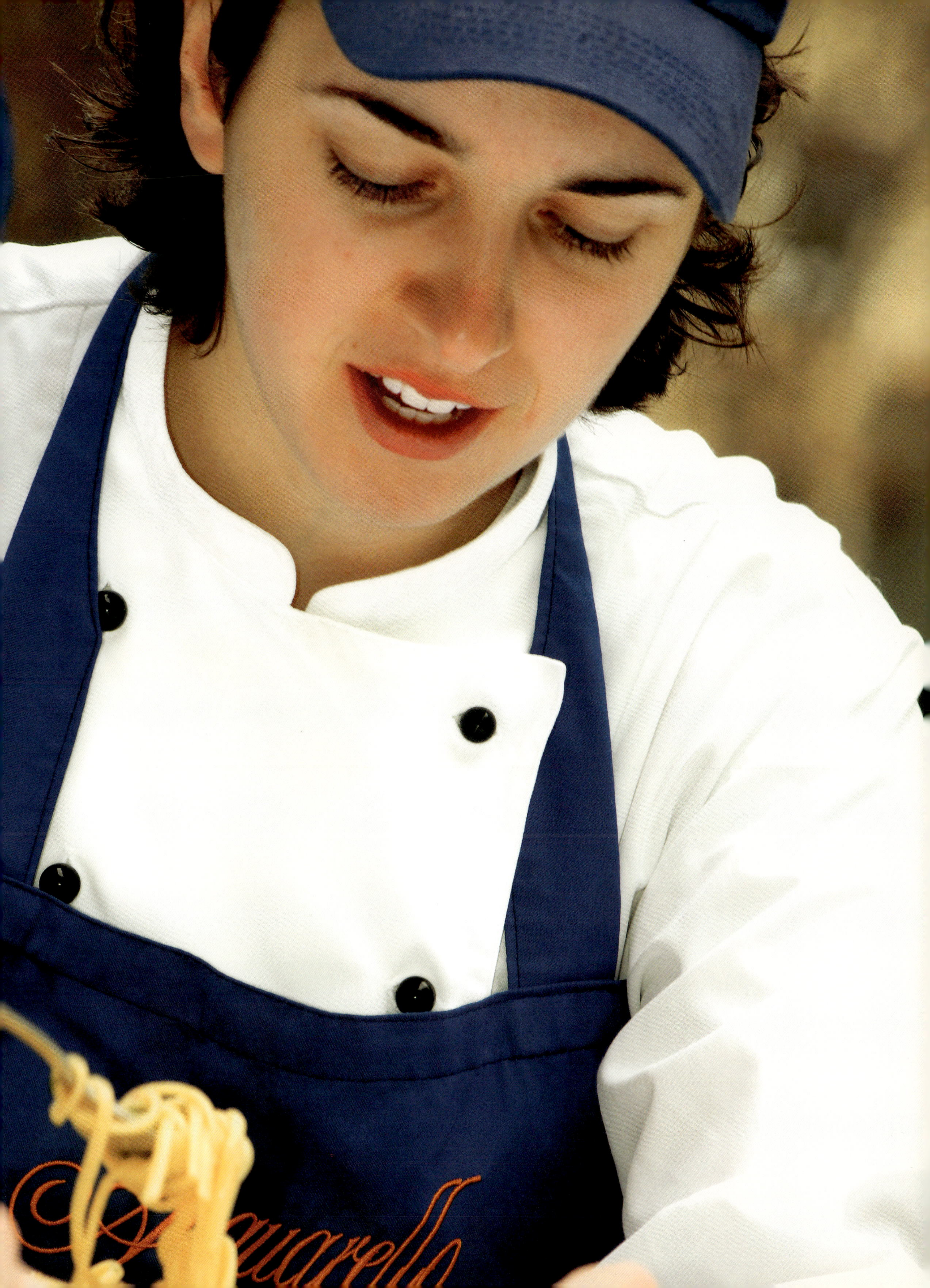

Pfifferlinge

Wie die Steinpilze sind auch die Pfifferlinge der Sorte *Cantharellus cibarius* sehr beliebt und längst kein Armeleuteessen mehr. Ihre Form erinnert an unregelmäßige Trichter mit herabgebogenen, ausgefransten Rändern, aber sie sind auch wegen ihrer blass- bis gelborangen Farbe, ihres weißen, festen inneren Fleisches und ihres zarten aromatischen Geschmacks sehr beliebt. Sie gedeihen von Sommer bis Herbst auf dem moosigen Boden feuchter Wälder, lassen sich aber im Gegensatz zu vielen anderen Pilzen nicht trocknen.

Morcheln

Morcheln werden in zwei Arten unterteilt, nämlich die delikate Spitzmorchel (*Morchella conica*) und die etwas größere Speisemorchel (*Morchella esculenta*).
Ihr fruchttragender Körper ist vollkommen hohl und gleicht einem Schlauch. Charakteristisch dabei ist der helle, glatte Stiel, der mit einem in viele kleine Waben unterteilten Hut verbunden ist. Die Konsistenz der Morchel lässt sich am besten mit Wachs vergleichen, wobei der Stiel sehr kompakt, aber elastisch, der Hut sehr viel zarter und aromatischer ist. Die Morcheln sollten in frischem Zustand rasch verarbeitet und gut durchgekocht werden, sie lassen sich aber auch hervorragend trocknen, was ihren würzigen Geschmack sogar noch verstärkt.

Trüffeln

Auch diese unterirdische Pilzgattung mit dem lateinischen Namen *Tuber* gehört, wie die Morcheln, zu der Gattung der Schlauchpilze. Die erste geschichtliche Erwähnung der weißen Trüffel geht auf das Ende des Jahres 300 n. Chr. zurück, doch erst um 700 wurde dieser Pilz erstmals offiziell beschrieben und mit dem noch heute gültigen Namen versehen. Für das Aufspüren der Trüffeln wurden in der früheren Zeit in Italien mit Vorliebe Schweine eingesetzt, sodass es nicht verwunderlich ist, dass die meisten Päpste und Kaiser ihre Lieblingsschweine besaßen, die mit einem besonders feinen Geruchssinn gesegnet waren. Da diese Tiere jedoch nicht kontrollierbar waren, sondern allzu häufig sowohl die unreifen als auch reifen, wohlriechenden Trüffeln selber verschlangen und dabei unter den Pilzkulturen große Schäden anrichteten, wurde die Methode inzwischen vollständig aufgegeben oder lediglich auf die schwarzen Trüffeln beschränkt. Inzwischen werden für die Suche kleine Hunde abgerichtet, die sich leichter transportieren lassen, weniger Zerstörung anrichten und mit einem kleinen Grissino als Belohnung zufrieden sind. Vor allem aber sind sie dazu fähig, nur die Trüffeln zu finden, die die richtige Reife haben.
Nach dem Sammeln werden die Trüffeln gründlich mit einem Bürstchen gereinigt, das weder zu hart noch zu weich sein darf, um einerseits die teuren Edelpilze nicht zu beschädigen, andererseits aber die anhaftende Erde vollständig zu entfernen. Danach sollten sie noch sorgfältig mit einem weichen Tuch abgewischt werden.

Anschließend werden die Trüffeln in ein Stück trockenes Papier eingeschlagen und in einer luftdicht zu verschließenden Schüssel verwahrt.

Die Trüffeln lieben kalkhaltige oder lehmige Böden mit hohem pH-Wert und leben in Symbiose mit den Wurzeln alter Eichen, Kastanien und Buchen, sie gedeihen aber auch in Nadelwäldern. Der äußere Teil des Fruchtkörpers, gleichsam die Rinde, wird »Peridio« genannt, während der innere fleischige Teil als »Gleba« bezeichnet wird. Im Normalfall besteht ihre Zusammensetzung vor allem aus Wasser, außerdem aus begrenzten Prozentgehalten an Zucker (10 Prozent), Proteinen (6 Prozent) und geringen Vorkommen von Fett, Mineralien und Vitaminen. 100 Gramm Trüffeln haben insgesamt 30 Kilokalorien.

Während die weißen Trüffeln zwischen dem 1. Oktober und dem 31. Dezember geerntet werden, sichern die verschiedenen Sorten schwarzer Trüffeln fast das ganze Jahr über die Versorgung.

Im Einzelnen:
Tuber melanosporum: vom 15. November bis 15. März
Tuber aestivum: vom 1. Mai bis 30. November
Tuber uncinatum: vom 1. Oktober bis 31. Dezember
Tuber brumale: vom 1. Januar bis 15. März
Tuber brumale Sorte (var.) Moschatum: vom 15. November bis 15. März
Tuber albidum: vom 15. Januar bis 30. April
Tuber macrosporum: vom 1. September bis 31. Dezember
Tuber mesentericum: vom 1. September bis 31. Januar
Tuber magnatum: vom 1. Oktober bis 31. Dezember

Obwohl die Trüffeln das ganze Jahr hindurch wachsen, ist es dennoch wichtig, nur die ganz reifen Saisontrüffeln zu kaufen, die sich durch deutlich erkennbare Äderungen in ihrem Fleisch auszeichnen. So sind etwa bis Weihnachten die weiße Premium-Trüffel *(Tuber magnatum),* die Königin unter den Trüffeln, und die innen und außen rötlich-graue *Tuber macrosporum* erhältlich, die ausgezeichnet schmecken, aber im Handel nur selten zu kaufen sind. Daneben wächst am Ende des Herbstes, zwischen Oktober und Januar, die *Tuber unicatum,* die ein nussbraunes Fruchtfleisch hat. Sie sollte allerdings nicht mit der schwarzen Premium-Trüffel aus Norcia oder den Perigord-Trüffeln *(Tuber melanosporum)* verwechselt werden, die beide schwarzes Fruchtfleisch mit weißen Äderungen haben, erst nach Weihnachten reifen und Ende Februar ihren qualitativ besten Reifezustand erreichen. Noch später, von Januar bis März, reift die schwarze Wintertrüffel *(Tuber brumale),* deren Fruchtfleisch grau bis dunkelgrau und nur wenig geädert ist, schließlich die schwarze Sommertrüffel oder Scorzone *(Tuber aestivum),* die zwar einen schwächeren Duft hat, aber von März bis Dezember zu finden ist.

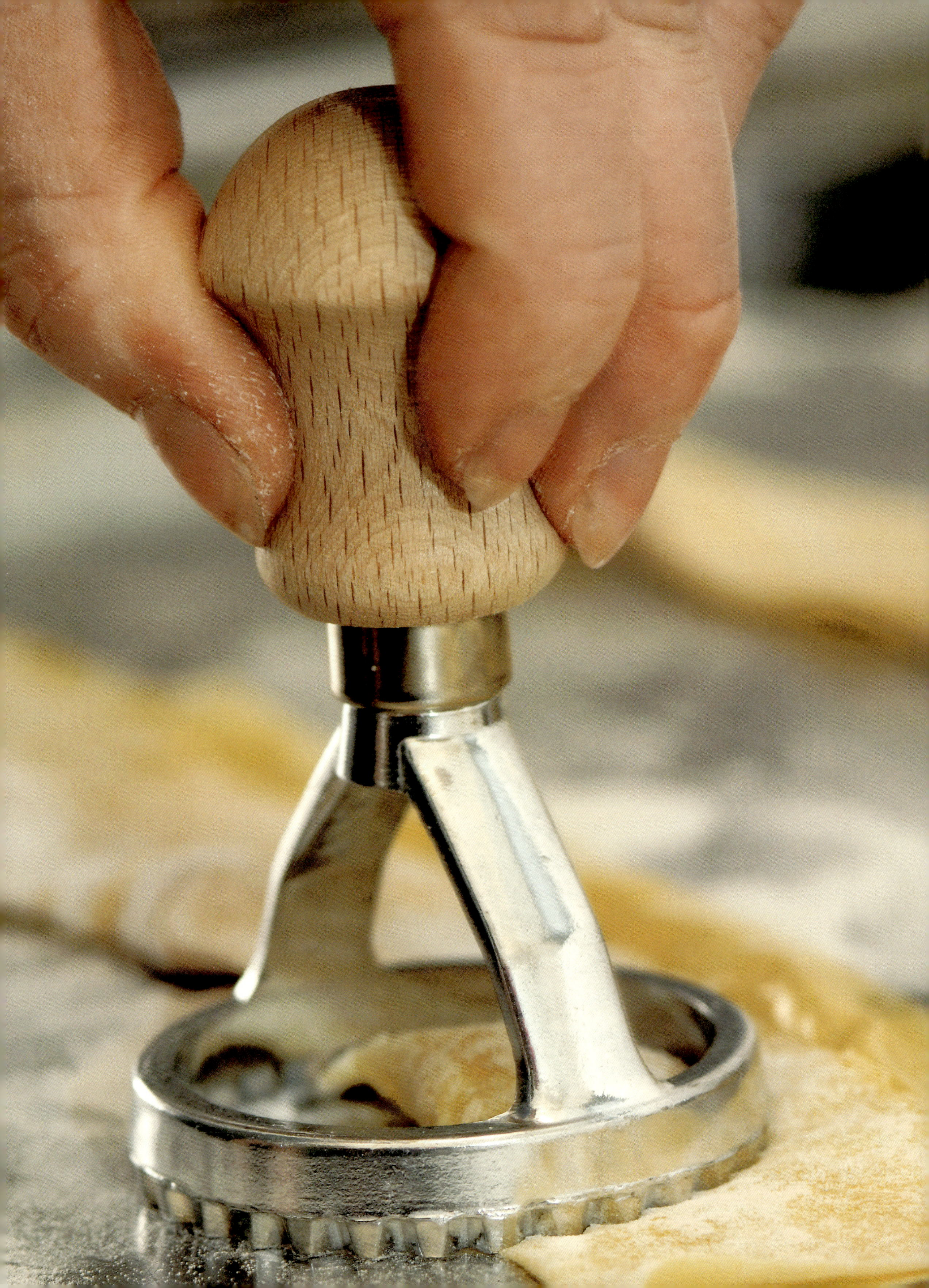

Meine Mutter – die Königin
und Sterneköchin meiner Kindheit,
die mir alles über Ernährung beibrachte

Die Küche war das eigentliche Reich meiner Mutter. Sie war die Königin, gekrönt mit dem stillschweigenden Einverständnis der gesamten Familie. Sie herrschte nur über ein kleines Reich, nicht größer als 15 Quadratmeter, aber zahllose Töpfe brodelten auf dem Feuer, während unzählige geheimnisvolle Kräuter wie Rosmarin und Basilikum, Salbei und Oregano den Nachtschwärmern ihre Gesundheit zurückgaben, den Gepeinigten Frieden schenkten und den Verzweifelten Labsal spendeten. Ihr Thron war der Gasherd mit seinen offenen Flammen, die einen magischen Kreis bildeten. Daneben der Tisch mit einer Decke aus Leinen, auf der sie das Essen für ihren Ehemann, die Kinder und all unsere Gäste anrichtete, die alle mit leuchtenden Augen auf den Stühlen saßen und mit ihren Nasen den Duft der vielen Köstlichkeiten erschnupperten. Dann schließlich die Pastagerichte, entweder Ravioli oder Tagliatelle, die noch heute eine duftende Erinnerung in meine Nase, auf meine Zunge und über meinen Gaumen zaubern!

Farbige Pastateige

Ein Pastateig kann mit wenigen Zutaten abgewandelt, lebendiger und schmackhafter gemacht werden.

Da der farbige Pastateig delikater und feuchter als der gewöhnliche ist, muss er ein wenig dicker ausgewalkt werden. Bevor man ihn schneidet, sollte er zunächst ein wenig antrocknen, sonst besteht die Gefahr, dass er reißt.

Grüner Pastateig (ergibt ca. 550 g)
400 g feines Mehl
3 Eier
200 g gekochter Spinat, ausgedrückt und gemixt
1 Esslöffel Olivenöl
Schließlich noch etwas Salz. Statt des Spinats kann auch Brokkoli verwendet werden.

Gelber Pastateig (ergibt ca. 700 g)
400 g feines Mehl
300 g Kürbisfruchtfleisch, das im Ofen gebacken und durch ein Sieb gedrückt wurde
1 Ei, Salz

Statt des Kürbisfleisches kann man auch 2 Tütchen Safran dazugeben, aufgelöst in Brühe oder lauwarmem Wasser

Roter Pastateig (ergibt ca. 400 g)

400 g feines Mehl
2 Eier
1 Esslöffel Tomatenmark
Salz

Statt des Tomatenmarks kann man 200 g durch den Mixer gedrehte Rote Bete dazugeben.

Brauner Pastateig (ergibt ca. 400 g)

400 g feines Mehl
3 Eier
1 Esslöffel Zartbitter-Kakaopulver
Salz

Schwarzer Pastateig (ergibt ca. 400 g)

400 g Mehl
2 Eier
2 Tütchen Sepiatinte
Salz
wenig Wasser

Man kann die Eier durch eine höhere Wassermenge ersetzen, der 1 Esslöffel Olivenöl zugegeben wird.

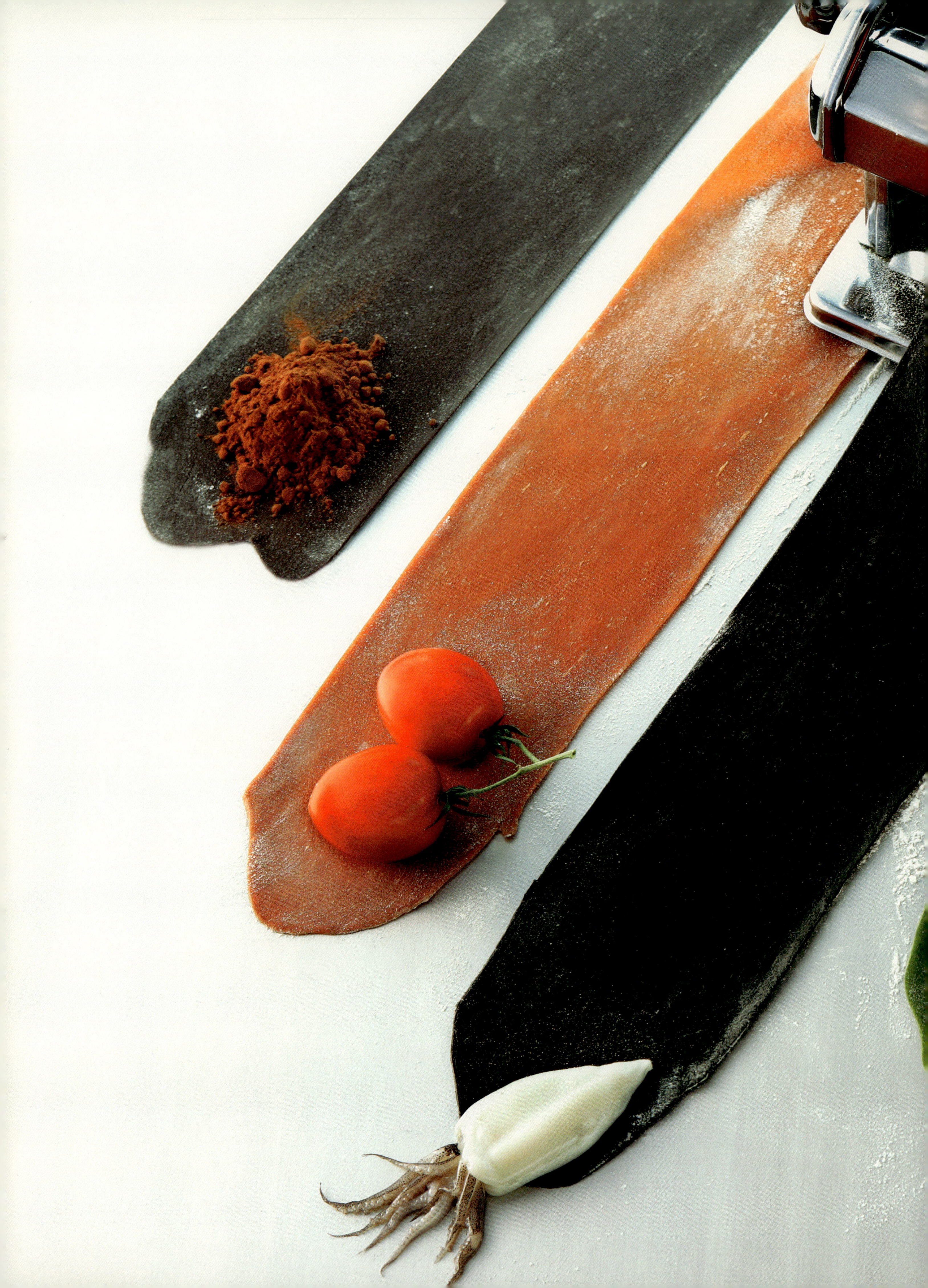

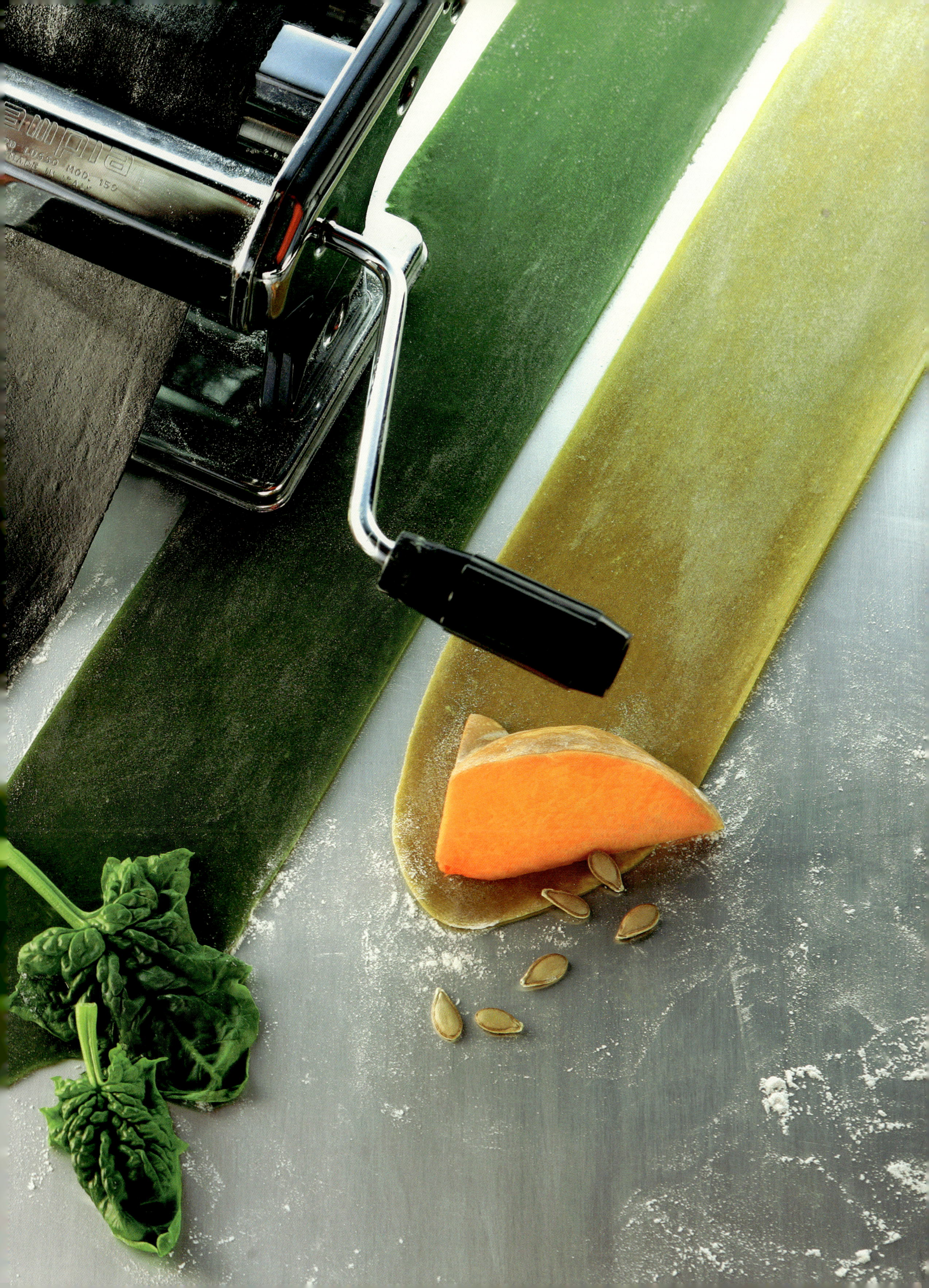

Wir essen verschiedene Formen

Die so gesunde, wohlschmeckende Pasta, die in Italien täglich auf den Tisch kommt, ist ein ebenso wichtiges Grundnahrungsmittel wie der Reis in der japanischen und chinesischen Küche oder die Fleischspeisen in der französischen. Das Bemerkenswerte an der »Pasta« aber ist, dass jemand, der eine verzehrt, in Wirklichkeit eine ganze Anzahl verschiedenster Sorten, also »paste«, zu sich nimmt. Pasta hat eine multiple Identität, was die Franzosen durchaus verstanden haben, die den Begriff in den Plural setzten und ihn mit »les pâtes« bezeichneten. Damit vollzog sich ein entscheidender Paradigmenwechsel. Auch wenn die Pasta immer aus ein und derselben Grundmasse, dem Mehl aus Hartweizengrieß unter Zugabe einer entsprechenden Menge an Wasser, hergestellt wird, verändern sich doch die immer gleichen Bestandteile durch eine Vielfalt an Formen ständig. Ein ähnliches Phänomen findet sich auch in anderen Kulturen. So gibt es zum Beispiel in der chinesischen Küche die unterschiedlichsten Arten, Reis zuzubereiten und ihn mit Zutaten wie Erbsen, Eistückchen oder Fleisch zu vermischen, auch wenn die Grundform des Reises dabei kaum variiert. Ebenso können Fleischgerichte auf verschiedenartigste Weise immer wieder neu zubereitet werden, entweder gekocht oder gebraten, in Stücken oder als Ganzes verarbeitet, wobei die so zahlreichen Variationsmöglichkeiten noch bis ins Unendliche gesteigert werden, wenn sie mit einer immer wieder anders komponierten Sauce aus unterschiedlichen Zutaten weiter verändert werden.

Im Gegensatz dazu wird die Pasta immer aus denselben Grundzutaten hergestellt; die Pasta variiert nur durch die unglaubliche Vielfalt an Formen, sodass es heute nahezu 600 unterschiedliche Pastasorten gibt. Doch da jede Ausformung anders auf die Sauce reagiert und dadurch einen anderen Geschmack bewirkt, kann bei der Pasta also durchaus von einer Vorherrschaft der Form über den Geschmack gesprochen werden. Derselbe Sugo zu einer anderen Pastaform gereicht, lässt das Gericht völlig anders schmecken, und werden verschiedene Pastaformen auf dieselbe Art zubereitet, so schmeckt keines dieser Gerichte wie das andere.

Es sieht fast so aus, als sei der italienische Gaumen in besonderer Weise auf den Aspekt des Erfühlens der Speisen geeicht. Mithilfe der Zunge und dem Inneren des Mundes verschafft sich der Pastagenießer noch weitere, für ihn äußerst wichtige Eindrücke über Konsistenz und Beschaffenheit sowie die Struktur der einzelnen Bestandteile. Ob eine Pastasorte lang oder kurz ist, sie in ihrem Inneren einen Hohlraum hat oder nicht, wie ihr Querschnitt beschaffen ist und ob ihre Oberfläche glatt oder gerillt, gekrümmt oder gar gedreht ist, all das muss von Gaumen, Zunge und Zähnen erschmeckt und ertastet werden. Sie machen sich gleichsam auf die Suche und sind glücklich, wenn jeder für sich eine neue, abgewandelte Form entdeckt. Mit jedem Mal, da sie die Pasta berühren, rekonstruieren sie ihre Form und koordinieren das, was von ihnen erfühlt wurde, mit dem, was die Augen sehen, sodass sich jede Berührung in einen immer größeren Genuss und damit in ein Fest der Sinne verwandelt. Weil die unterschiedlichen Formen der Pasta unterschiedlich rasch zerkaut werden, macht wiederum die unterschiedliche Art des Einspeichelns den Mund auf immer neue, andere Art wässerig, sodass sich das Essvergnügen ins Gigantische steigert.

Durch ihre zahllosen Formen garantiert die Pasta ihrem Genießer Appetit auf ein neues Pastavergnügen. Er kann sich jeden Tag aufs Neue fragen: Was möchte ich heute am liebsten essen? Maccheroni oder Farfalle, Penne oder Conchiglie, Spaghetti oder Vermicelli, Tortelli oder Ravioli, Bucatini oder Rigatoni? Und das immer weiter und immer fort, bis er alles ausprobiert hat, nur um dann wieder von vorne zu beginnen.

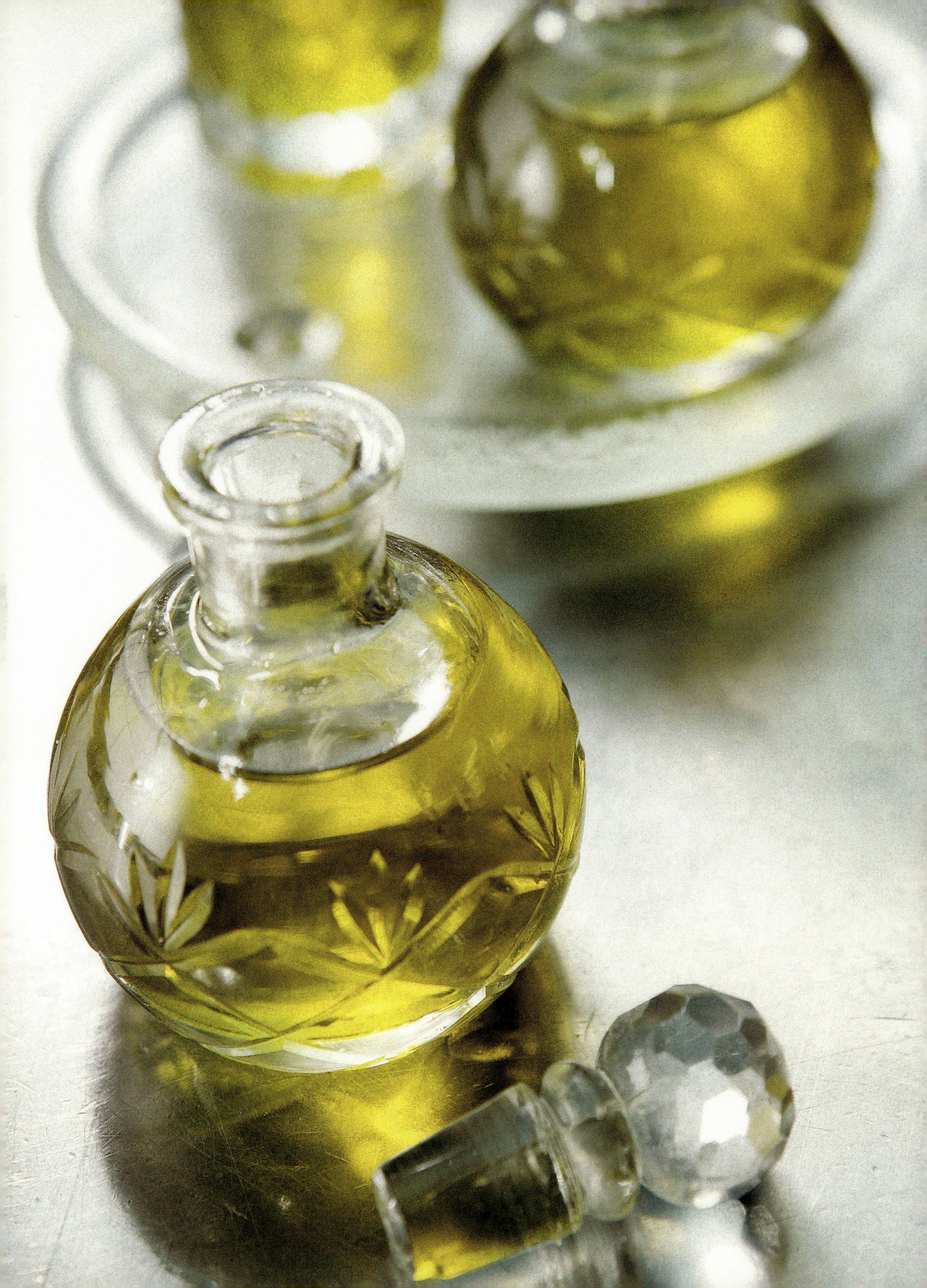

Das Olivenöl

Für Pastagerichte spielen Oliven und das daraus gewonnene Öl eine ganz entscheidende Rolle. Das wohlschmeckende Olivenöl enthält reichlich einfach ungesättigte Fettsäuren, die nach neuesten wissenschaftlichen Erkenntnissen das Risiko von Herz- und Kreislauferkrankungen deutlich mindern und den Alterungsprozess organischer Zellen verzögern. Neben diesen der Gesundheit förderlichen Eigenschaften harmoniert Olivenöl besser als alle anderen Lebensmittelfette mit den Aromen mediterraner Kräuter und mit Tomaten. Diese Kombination garantiert jenen unvergleichlichen Geschmack, der in unserer Erinnerung alle jene Orte und Landschaften wiederauferstehen lässt, an denen wir sie genossen haben. Auch eingelegte Oliven sind für zahlreiche Rezepte traditioneller Saucen unabdingbar und tauchen in vielen Nudelsalaten auf. Dieser Tradition zu folgen, heißt, eine faszinierende alte Welt neu zu entdecken.

Der Olivenbaum gilt als eine der ältesten Kulturpflanzen. Sein Ursprung liegt im östlichen Mittelmeerraum und seine Geschichte ist seit über 7000 Jahren eng mit der Geschichte der Mittelmeerkulturen verflochten. So wurden unter einem Ölbaum die Götterkinder Apoll und Minerva oder Athene geboren, während Aristaios, der Sohn des Apolls, die Menschen lehrte, wie sie Oliven pressen, um den aromatischen, goldenen Saft daraus zu gewinnen. Von den 800 Millionen Olivenbäumen, die es auf dieser Erde gibt, wachsen mehr als 90 Prozent im Mittelmeerraum.

Es gibt unzählige Olivenölsorten mit sehr unterschiedlichen Aromen. Welche italienischen Olivenöle der Qualität extra vergine harmonieren aber mit den einzelnen Gerichten am besten?

Für Nudelsalate, die oft auch rohes Gemüse enthalten, eignet sich besonders gut ein Öl mit würzigem Duft, einem feinen Artischockenaroma und einem dezenten, aber leicht scharfen Geschmack, der für Öle aus Umbrien und der Toskana typisch ist. Für die leichten, einfachen Saucen auf Tomaten- und Basilikumbasis hat sich das zartfruchtige Öl aus Ligurien oder von den Ufern des Gardasees bewährt. Für besonders markante Saucen ist ein Öl aus Apulien mit pikant-scharfen Noten zu empfehlen, während für Saucen auf Fischbasis die sizilianischen Öle erste Wahl sind.

Die geschmacklichen Unterschiede der einzelnen Öle werden durch das Klima und die Bodenbeschaffenheit des jeweiligen Anbaugebietes der Olivenbäume bestimmt.

Die wichtigsten Qualitätsmerkmale für Olivenöl

Es ist nicht leicht, hochwertiges Olivenöl zu identifizieren. Die gesetzlich vorgeschriebenen Angaben auf dem Etikettm sind jedoch ein erster Anhaltspunkt.

Bei Olivenöl extra vergine müssen auf dem Etikett folgende Angaben stehen:

– Name des Produzenten – allerdings ist die Ortsangabe laut Gesetz lediglich ein Hinweis auf den Abfüllort, nicht zwingend auf die Herkunft des Öls. Optimal ist es, wenn auf dem Etikett steht: *produziert und abgefüllt von XXX* und dann die Adresse des Produzenten. Diese Angaben vermitteln dem Verbraucher die klare Herkunft des Öls.

– Die Olivenölklassifizierung: also *vergine* oder *extra vergine*

– Die Angabe des Herkunftslandes – und diese ist absolut verbindlich. Wenn Italien draufsteht muss italienisches Öl drin sein. Das ist allerdings noch keine Aussage über die Region, in der das Olivenöl produziert wurde. Darüber geben ausschließlich die Herkunftssiegel DOP oder IGT Auskunft. Sie informieren den Verbraucher, dass die Oliven aus dem angegebenen Gebiet stammen, dort verarbeitet wurden und dass das Öl dort abgefüllt wurde.

– Eine weitere wichtige Information ist der Hinweis »biologisches Öl« oder »aus biologischem Anbau«. Neben diesem Biosiegel muss aber auch die zertifizierende Organisation und die Nummer der Druckbewilligung für das Etikett angeben sein.

– Die Angabe des Inhalts und das Mindesthaltbarkeitsdatum sind Pflicht. In den meisten Fällen sind es 18 Monate nach der Ernte.

Hersteller hochwertiger Olivenöle nenen häufig freiwillig die Olivensorten auf dem Etikett. Diese Angabe ist sogar Pflicht, wenn ein reinsortiges Olivenöl gekennzeichnet werden soll.

Die Qualitätskritierien

– **Olivenöl extra vergine:** Olivenöl höchster Qualität, also ein *extra vergine,* hat einen angenehmen Duft und Geschmack. Allerdings variieren die Aromen des jeweiligen Öls sehr, bedingt durch die Olivensorte, die Herkunft und die Methode der Gewinnung. Außerdem haben Reifegrad, sowie Unversehrtheit und Frische der Früchte einen großen Einfluss auf den Geschmack des Öls. Beste Öle dürfen nur aus den frisch geernteten Oliven eines Jahres gepresst werden. Die Temperatur beim schonenden Pressen liegt bei 20 bis 27 Grad Celsius. Ein wichtiger Hinweis auf bestes

Olivenöl ist die Angabe des Anteils freier Fettsäuren in Prozent. Öle der Klasse extra vergine dürfen einen Säuregehalt von 0,8 Prozent nicht überschreiten.

– Olivenöl vergine: Diese Bezeichnung gilt für Olivenöl, das aus nicht ganz einwandfreien Oliven, aber ausschließlich mit Hilfe mechanischer Verfahren hergestellt wird. Auch hier müssen bestimmte thermische Bedingungen eingehalten werden, damit das Öl keine Veränderungen erfährt: So darf während des Pressprozesses eine Temperatur von 27 Grad Celsius nicht überschritten werden. Olivenöl vergine darf einen freien Fettsäuregehalt von maximal 2,0 Prozent haben.

– Lampantöle: Dieser Begriff bezeichnet jedes Olivenöl, das aus vom Boden aufgesammelten, bereits fermentierten Oliven gepresst wurde. Auch ursprünglich gutes Olivenöl kann durch falsche oder zu lange Lagerung zu Lampantöl werden. Der freie Fettsäuregehalt liegt über 2,0 Prozent. Solches Öl ist nicht für den menschlichen Verzehr geeignet, es muss vorher raffiniert werden. Es entspricht aber dann nicht mehr den höchsten Qualitätsansprüchen. Es darf jedoch mit nativen *(vergine)* Ölen verschnitten werden, allerdings muss dies auf dem Etikett deutlich gemacht werden, etwa mit dem Verweis *bestehend aus nativen und raffinierten Olivenölen*.

Ich rate Ihnen, so viele unterschiedliche Olivenöle wie möglich zu verkosten. Gute Fachhändler oder auch Produzenten vor Ort lassen Kunden meistens gerne verkosten. Je besser Sie informiert sind, um so weniger laufen Sie Gefahr, schlechte Öle zu erwerben. Und vergessen Sie nie: Hochwertige Olivenöle sind teuer, denn sie sind handgepflückt, rasch und schonend gepresst – und das hat seinen Preis. Wer beim Kauf des Olivenöls spart, verzichtet nicht nur auf den Genuss, sondern tut auch seiner Gesundheit nichts Gutes.

Die Geschmacksvielfalt der italienischen Olivenöle

Die unterschiedlichen Regionen spiegeln die Vielfalt der Olivensorten wieder. Besonders feinaromatisch ist die in Ligurien, vor allem an der Riviera del Ponente angebaute Olivensorte Taggiasca. Die Öle daraus sind dünnflüssig, haben einen zarten Duft und einen milden Geschmack, der für alle Pestosaucen ideal ist. Dagegen eignen sich die von der lombardischen Westküste des Gardasees stammenden Oliven der Sorten Leccino, Casalive, Moraiolo und Frantoio, die in modernen Ölmühlen zu besonders feinen, fruchtigen Ölen gepresst werden, für viele Gerichte. Sie schmecken pur, eignen sich aber auch vorzüglich zum Kochen. Köstlich sind sie für die Zubereitung von frischen Tomatensaucen.

Hervorragende Anbaugebiete liegen auch in Umbrien, um den Lago Trasimeno, im Valle Tiberina oder Nerina, in den Gegenden um Trevi, Spoleto und Orvieto sowie rund um Ternano oder Assisi. An diesen sanften Hügeln wachsen überwiegend Moraiolo- und Leccino-Oliven. Vereinzelt findet man auch die Sorte Frantoio agogio, eine Olive von mittlerem Flüssigkeitsgehalt und mit fleischigem Körper. Sie schmecken sehr würzig und erinnern an Artischocken. Sie eignen sich sowohl für den puren Genuss als auch für Saucen auf Fleischbasis.

Die unglaubliche Vielfalt an Mikroklimazonen und die verschiedenartige Bodenbeschaffenheit in der Toskana bedingen, dass hier sehr unterschiedliche Öle erzeugt werden. Besonders geschätzt sind die Öle aus dem Chianti und den Colli Fiorentini, aber auch aus der Gegend um Siena. Fast alle Anbaugebiete, auf denen Frantoio-, Leccino-, Moraiolo- und Pendolino-Oliven kultiviert werden, befinden sich auf Hügeln.

Auch das Landschaftsbild von Sizilien wird von weitläufigen, wunderschönen Olivenhainen geprägt. Das sizilianische Olivenöl ist finessenreich und aromatisch. Da die Öle nicht allzu körperreich sind, eignen sie sich besonders gut für Fisch- und Gemüsesaucen. Außerdem möchte ich unbedingt noch auf die Olivensorte Nocerella del Belice aus der Gegend von Mazara del Vallo und Agrigent sowie die Tonda-Iblea-Oliven aus Ragusa und Syrakus, auf die Sorten Oliarola und Passalumara sowie die Biancolilla-Oliven aus der Madonne-Gegend verweisen.

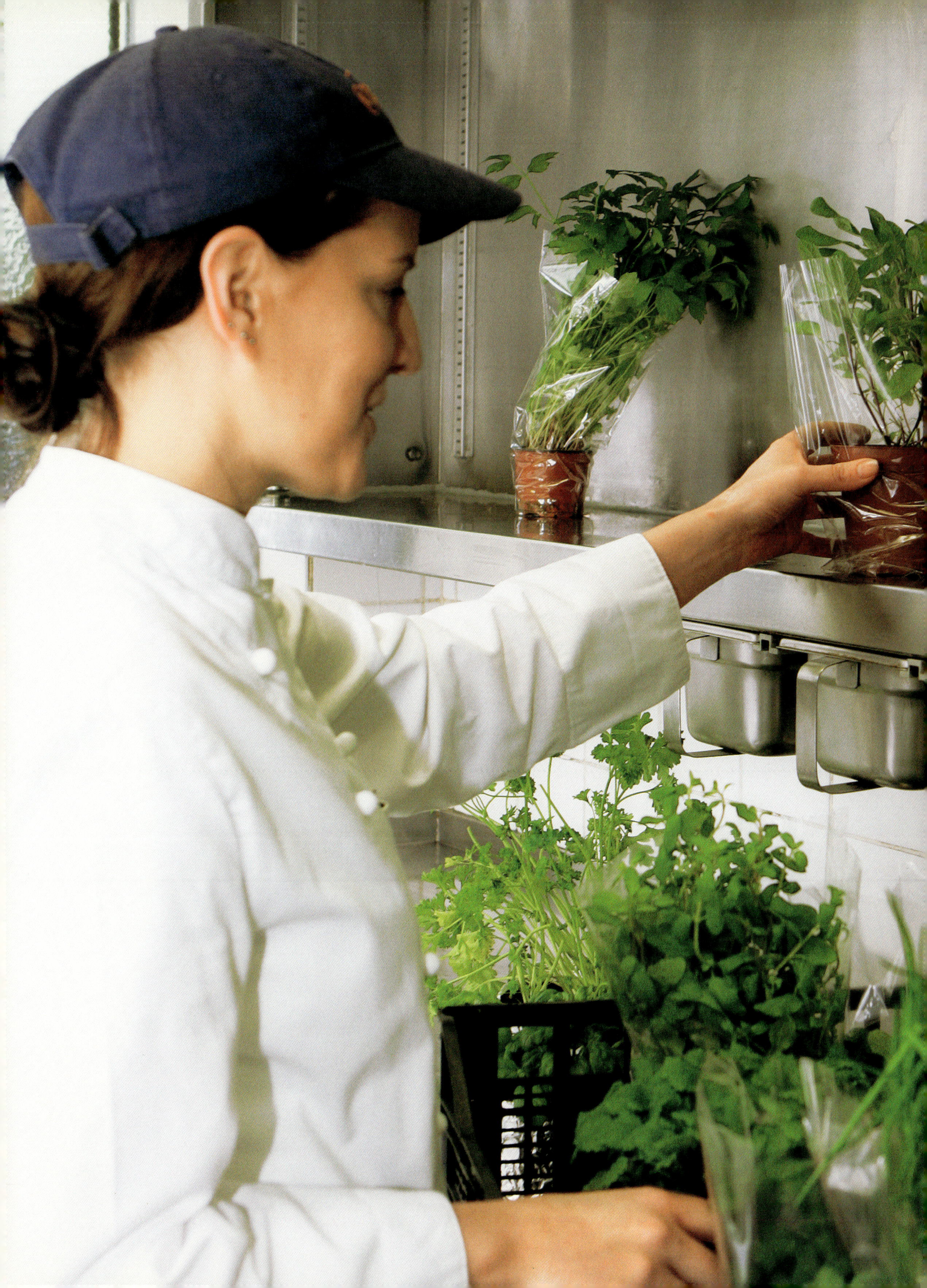

Gefüllte hausgemachte Pasta

Bei Weizen oder anderen Getreidesorten wird allgemein zwischen Weich- oder Hartweizen unterschieden.

Weichweizen, der hauptsächlich in Nord- und Mittelitalien angebaut wird, ist sehr verbreitet und stellt den Großteil des Getreides dar, das zum Brotbacken verwendet wird. Aus ihm wird auch die frische, hausgemachte Pasta mit Ei hergestellt.

Hartweizen ist weniger verbreitet, da er warmes, trockenes Klima benötigt. Er wird hauptsächlich in Süditalien und auf den italienischen Inseln angebaut und wegen seines Reichtums an Gluten vor allem zur Herstellung von Lebensmittelteigen verwendet, die, getrocknet und verpackt, in alle Welt verschickt werden. Sie liefern die Grundlage für all die Gerichte, die in aller Welt als »typisch italienisch« bekannt und beliebt sind.

Macht man sich auf die Suche nach den ältesten Quellen der Ravioli, stößt man auf das *Liber De Fervulis,* das von Gianbonino Da Cremona verfasst wurde. Dort werden Ravioli als eine gefüllte Nudelspezialität beschrieben, bei der die Füllung entweder aus Fleisch oder anderen Zutaten besteht, die in eine Dreiecksform verschlossen werden. In diesem Buch wurden Rezepte für arabische Speisen erfasst, die aus einem Traktat über arabische Kochkunst stammen, das ein in Bagdad lebender Arzt verfasst hatte, der um das Jahr 1100 starb. Hier findet sich die erste Beschreibung von Ravioli, die als *Sambusaj* bezeichnet wurden; allerdings verbarg sich hinter diesem Namen eine Art Pastete aus Nudelteig in Dreiecksform, die mit Hackfleisch gefüllt war. Der Autor Ibn Butlan bezeichnet diese Pastete mit verschiedenen Begriffen wie zum Beispiel *Calizon, Panis* oder *Raviolus.* Dagegen erklärt uns in späterer Zeit das kostbare, im Jahr 1226 verfasste Kochbuch des Muhammad al-Baghdadi, dass *Sambusa* ein dreieckiges Schultertuch sei, in das sich die Frauen in der Abendkühle einhüllten.

In seinem 1551 gedruckten florentinischen Wörterbuch definiert der Schriftsteller Pierfrancesco Giambullari (1495–1555) den Begriff »raviolo« als »Speise in kleinen Stücken, die aus Cacio-Käse, Eiern, Kräutern und ähnlichem bestehen«. Zu dem

Begriff Tortelli oder, verkleinert, Tortellini, der oft als Synonym für Ravioli verwendet wird, vermerkt er, dass es sich dabei um ein Gericht handele, das »aus der gleichen Rohmasse wie ein tortello oder ein Kuchen« hergestellt ist, »allerdings in kleineren Stücken«. Dazu sei erwähnt, dass in späteren Jahren in der deutschen Übersetzung Ravioli und Tortelli fälschlicherweise auch oft als »Kräpfchen« bezeichnet wurden. Im Jahr 1612 bestätigt Giambullari in dem ersten Wörterbuch, das die *Accademia della Crusca* (die älteste Sprachgesellschaft) herausgegeben hat, erneut den Begriff »raviolo« als »delikate Speise in kleinen Stücken, bestehend aus Cacio-Käse, Eiern, Kräutern und Gewürzen« sowie den Begriff »tortello« als »eine Art Ravioli aus ausgerolltem Teig«.

In den darauffolgenden Jahrhunderten haben die unterschiedlichen Küchen der einzelnen italienischen Regionen für die Nudelerzeugnisse ihres Landstrichs oft sehr fantasievolle Namen entwickelt und damit ein Repertoire an kulinarischen Delikatessen geschaffen, das im Laufe der Zeit immer vielfältiger und umfangreicher wurde. Doch eins haben all diese gefüllten Teigtaschen von unterschiedlichem Aussehen und mit immer wieder neu kreierten Bezeichnungen gemeinsam – den Pastateig, der aus den stets gleichen Grundzutaten von Mehl und Eiern hergestellt wird, um in möglichst dünn ausgerollter und zarter Form eine Füllung aus Fleisch, Fisch, Frischkäse oder Gemüse aufzunehmen. Jeweils ein Ei auf 150 g Mehl erzielt die besten Ergebnisse, wobei so viel Wasser hinzugefügt werden muss, dass die vom Ei vorgegebene »Flüssigkeit« ausgeglichen wird.

In der italienischen Speisen-Geografie treten die Ravioli in immer neuen, abgewandelten Formen auf, als seien der Fantasie keine Grenzen gesetzt. So sind beispielsweise die Ravioli in Genua quadratisch und enthalten entweder Fisch, Innereien oder Gemüse, während sie in den Abruzzen rechteckig sind und mit Ricotta gefüllt werden. Halbmondförmig präsentieren sich die Ravioli in Neapel und verbergen in ihrem Inneren eine Füllung aus Mozzarella und Prosciutto, während sie im Trentino und in den Marken mit Vorliebe mit Wurst (Salumi) oder Huhn gefüllt sind. Eine typische Besonderheit stellen die Ravioli aus Sardinien dar: Sie sind rund und mit Auberginen gefüllt.

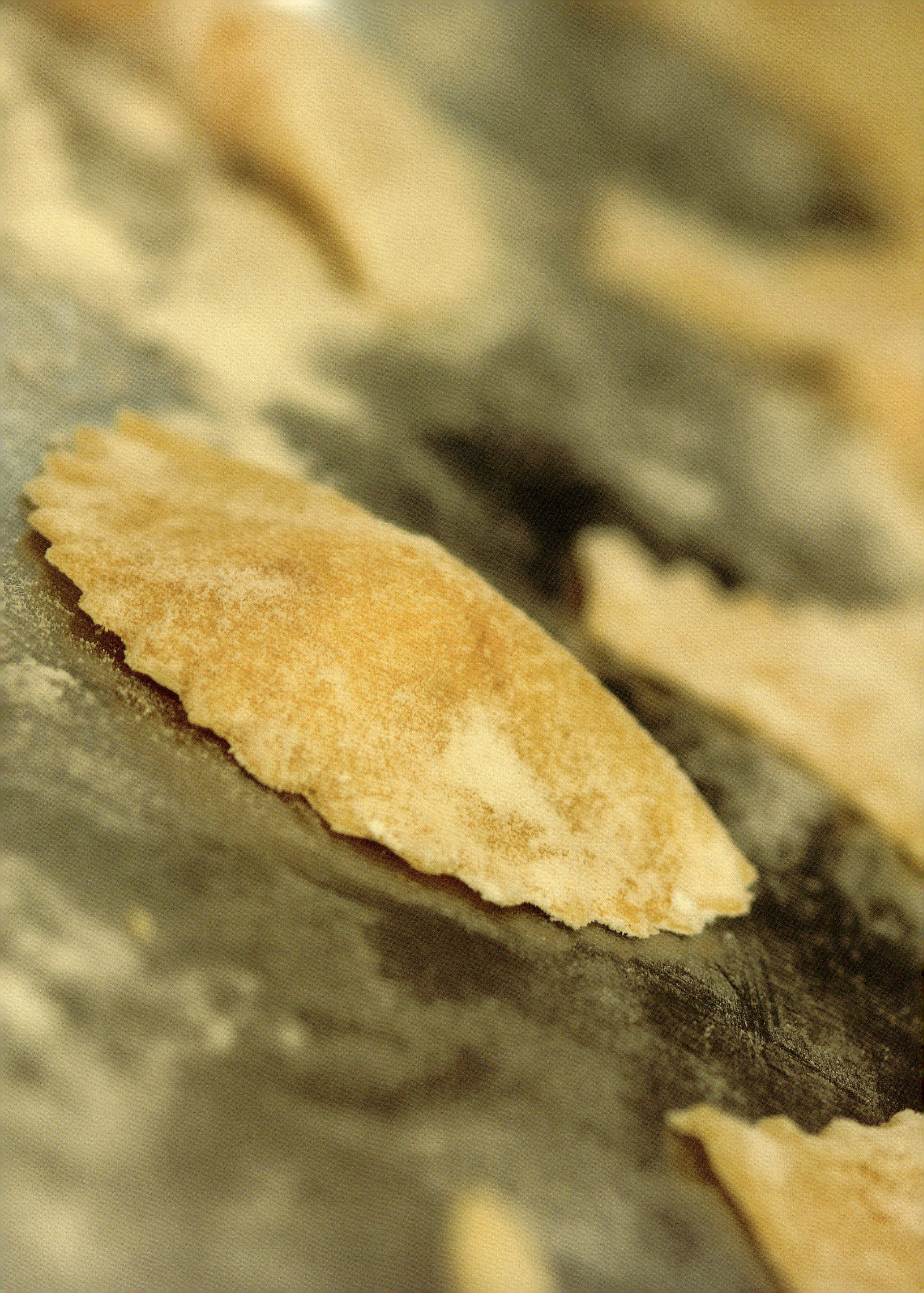

Ebenso beliebt wie die Ravioli sind die flachen, oft gar nicht so kleinen Tortelli und die ringförmigen Tortellini; sie sind typisch für die Küche der Emilia-Romagna. Auch hier wechseln sie je nach dem Ort ihrer Herstellung die Form und die Zutaten der Füllung, doch bleibt das Grundrezept für den Teig der Tortelli und Tortellini (oder wie sie auch sonst noch bezeichnet werden mögen) immer dasselbe.

In der Toskana und dem Aostatal haben die Tortelli und Tortellini eine quadratische Form, während die aus Kartoffelteig hergestellten Teigtaschen, die typischerweise am Vorabend zubereitet werden und als »quelli della vigilia« bekannt sind, halbmondförmig zusammengeklappt und mit Ricotta, Eiern, Petersilie und Käse gefüllt werden.

Neben den mit Kürbis gefüllten Tortelli, die rechteckig geformt sind, gibt es schließlich noch die berühmten »tortei cu la cua« (tortelli con la coda). Hinter ihnen verbergen sich Rechtecke aus Nudelteig, die, mit ziemlich viel Füllung versehen, übereinandergelegt und dann an den Enden wie Bonbons zusammengedreht und ringförmig gebogen werden, sodass der Nudelteig über die Teigtaschen selbst hinausragt.

Und dann gibt es da noch die Casonsei, jenes typische Erzeugnis der Küche von Bergamo und des diese Stadt umgebenden Umlands. Ähnlich den Ravioli handelt es sich dabei um Pastatäschchen aus einem weichen, geschmeidigen Teig, die zu einem Halbkreis geformt und mit Schweinemett oder gehacktem Rindfleisch gefüllt sind. Während die Casonsei aus dem Valcamonica blattähnlich geformt sind, greifen die aus Belluno wiederum die Form des Halbmonds auf und sind mit einer Mischung aus Spinat, Ricotta und Prosciutto gefüllt. Als letztes Beispiel möchte ich auf die Casonsei aus Cortina d'Ampezzo verweisen, die ebenfalls halbmondförmig sind und mit Roten Beten und Kartoffeln gefüllt sind.

Eine weitere Variante gefüllter Nudelteigtaschen sind die Agnolotti, kleine gefüllte Teigtäschchen, die entweder rechteckig oder halbmondförmig sind. So werden beispielsweise die rechteckigen Agnolotti aus dem Piemont mit einer Mischung aus Fleisch und Spinat gefüllt, während die sizilianischen Teigtäschchen gleichen Namens zwar auf dieselbe Weise gefüllt sind, aber eine runde Form aufweisen. Ebenfalls rund sind die Teigtäschchen aus Sardinien, *Angiolottus* genannt, die mit Auberginen, Nüssen und Ricotta gefüllt sind, oder die *Marubini* aus Cremona, deren Füllung aus Fleisch und Innereien besteht.

So verbindet man mit der italienischen Pastaküche immer die frischesten und erlesensten Zutaten, die durch die riesige Auswahl regionaler Spezialitäten geprägt sind und stets neue, überraschende Kreationen hervorbringen.

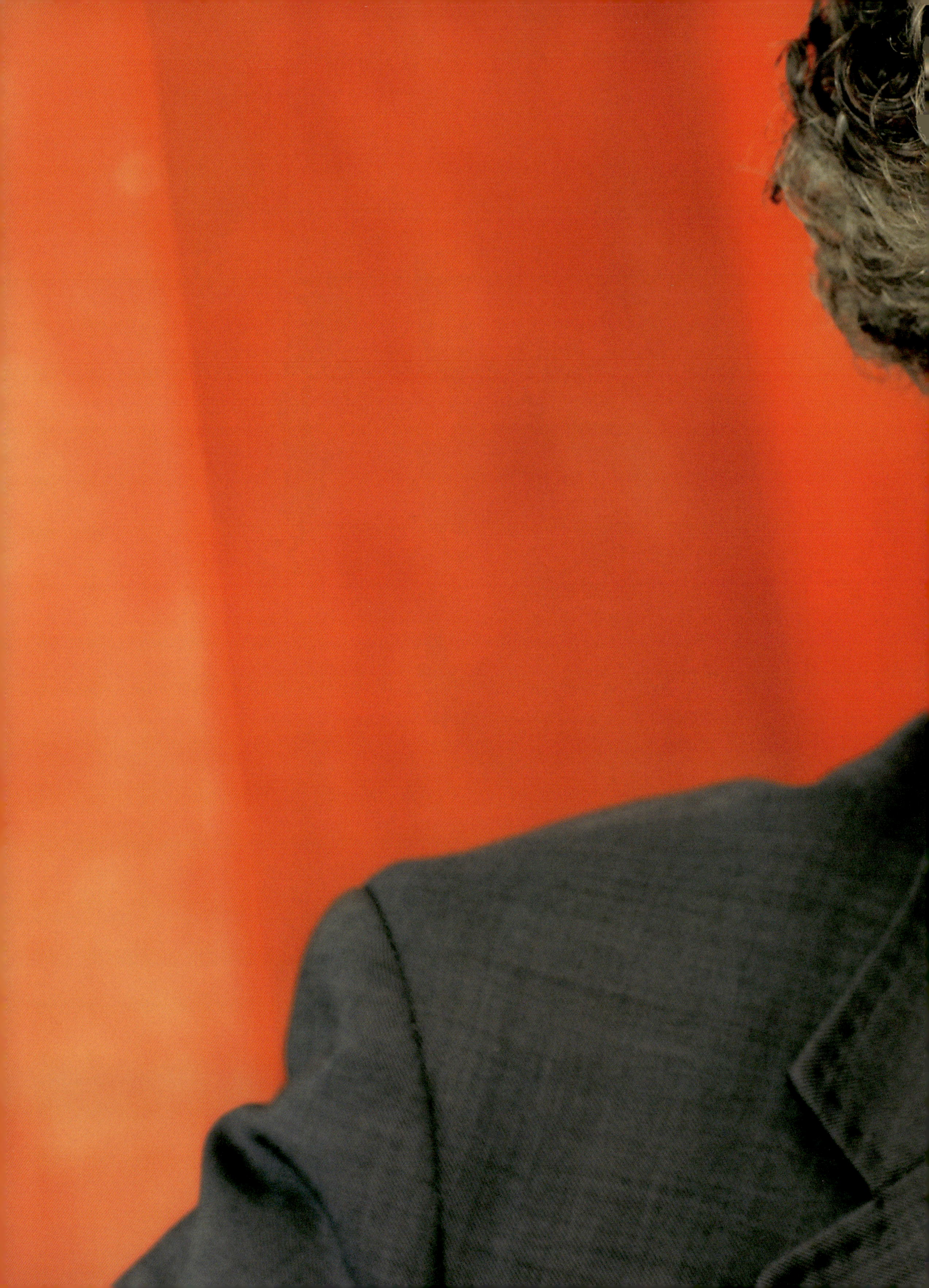

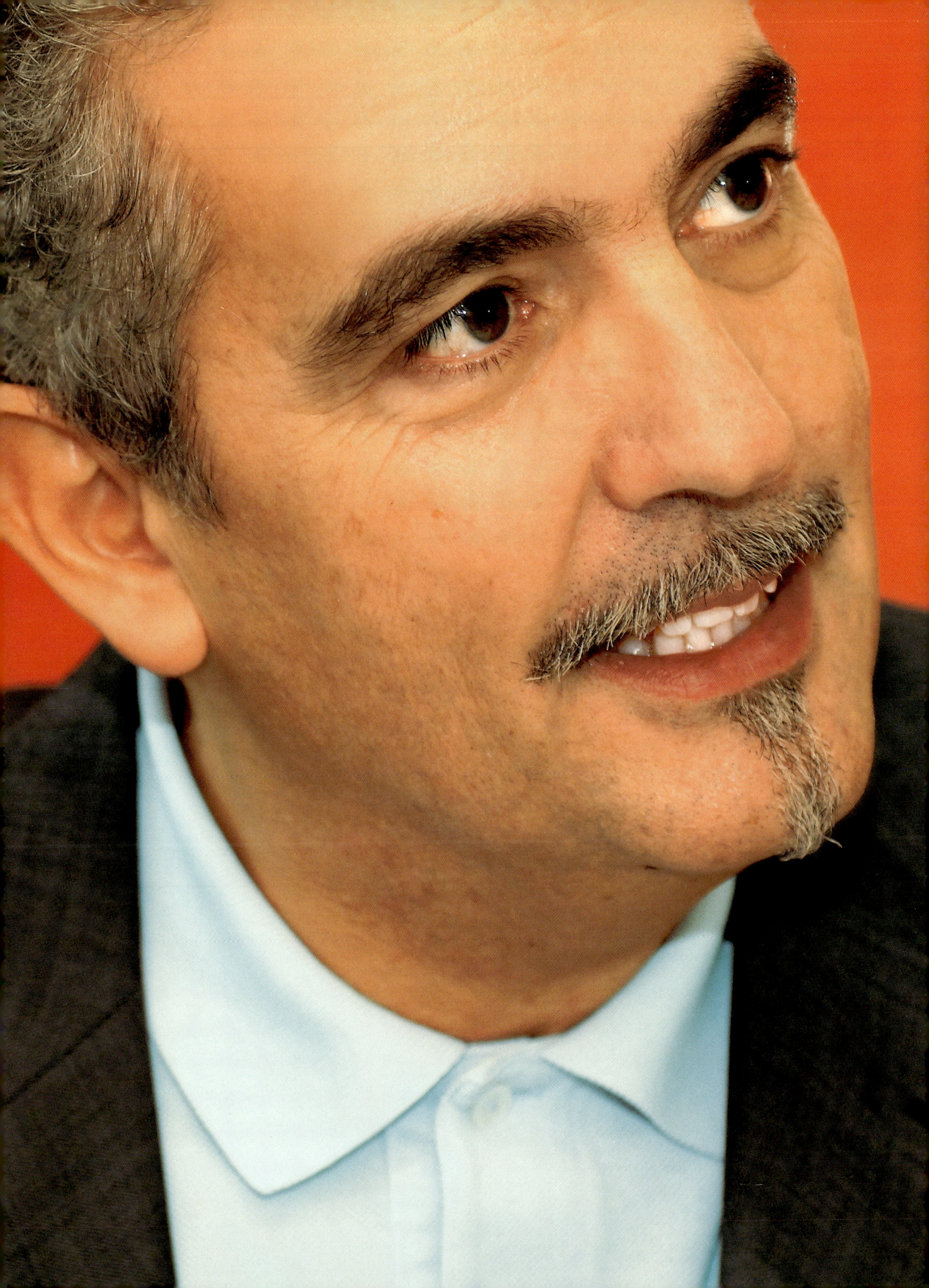

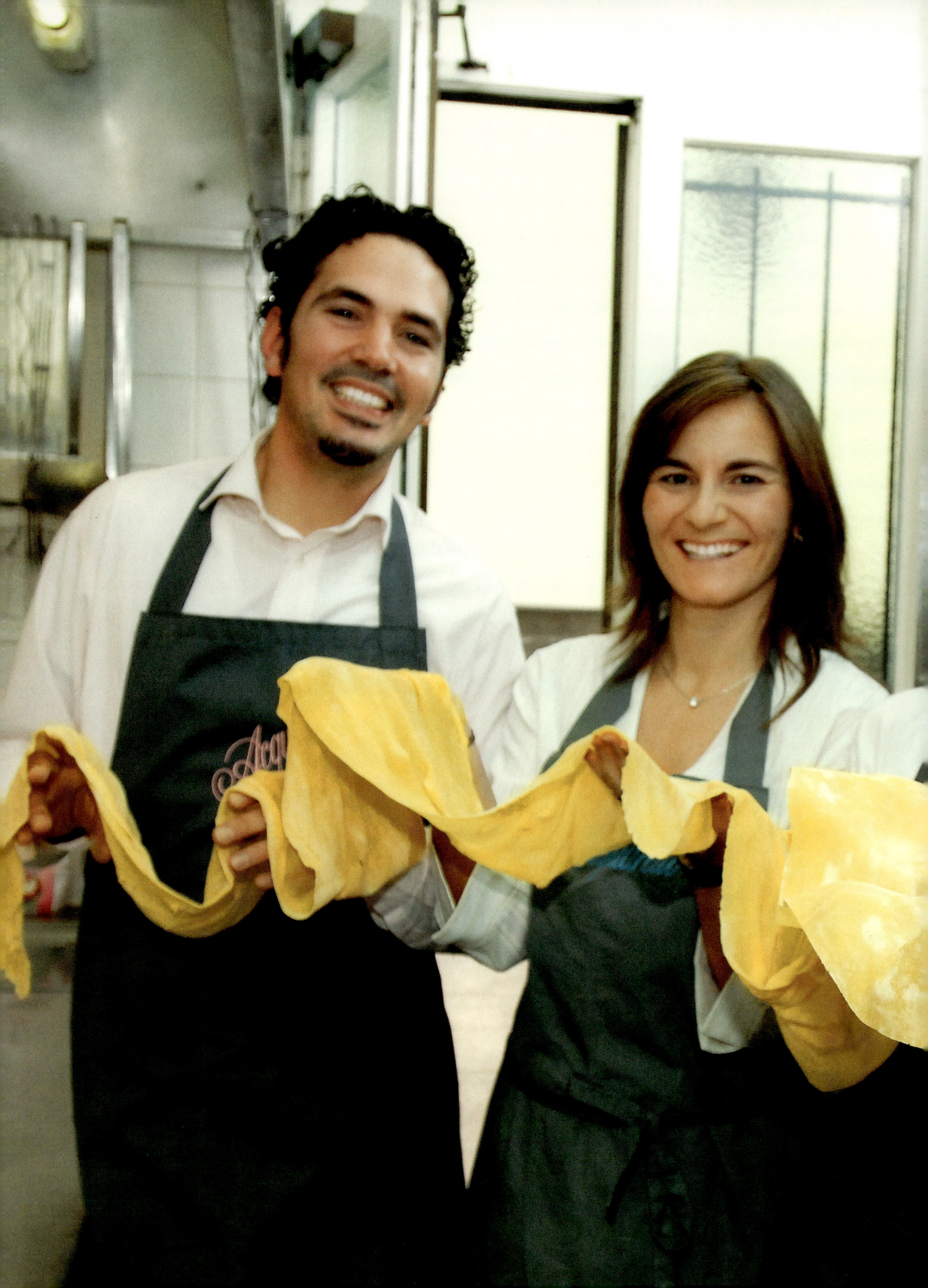

Grundrezepte

Nudelteig

Ergibt eine Menge von 550 g

400 g Mehl
100 g Hartweizengrieß
7 Eier
2 Eigelb
1 TL Olivenöl
1 Prise Salz

Mehl, Grieß und Salz in einer Schüssel vermengen und eine Mulde in die Mitte drücken. In die Vertiefung die Eigelbe, die Eier und das Olivenöl geben. Das Ganze gründlich verkneten bis ein fester, elastischer Teig entsteht.

Den Nudelteig in Frischhaltefolie einschlagen und ca. 2 Stunden kalt stellen. Danach kann er zu jeder beliebigen Pasta verarbeitet werden.

Barolosauce

Ergibt ca. 1 l Sauce

1 kg gehackte Kalbsknochen
1 Karotte, grob gewürfelt
1 Champignon, grob gewürfelt
50 g Sellerie, grob gewürfelt
50 g Schalotten, grob gewürfelt
1 EL Tomatenmark
600 ml Barolo
800 ml Geflügelfond (siehe Grundrezept Seite 65
2 Zweige Thymian
10 Pfefferkörner
Öl

Die Knochen in Öl braun rösten. Gemüse und Tomatenmark hinzugeben und kurz mitrösten. Mit dem Wein ablöschen und fast vollständig einkochen lassen. Den Geflügelfond zugießen und zum Kochen bringen, dabei den entstehenden Schaum abschöpfen. Thymian und Pfefferkörner hinzufügen. Bei geringer Hitze etwa 2 Stunden zugedeckt köcheln lassen, dabei immer wieder abschäumen und entfetten. Zum Schluss die Sauce durch ein feines Sieb gießen.

Weißweinsauce

Ergibt ca. 1 l Sauce
2 Schalotten
500 ml trockener Weißwein
200 ml Geflügelfond (siehe Grundrezept Seite 65)
1 Lorbeerblatt
10 weiße Pfefferkörner
750 ml Sahne
100 g Butter
Salz

Die Schalotten schälen und würfeln und mit dem Weißwein, dem Lorbeerblatt und den Pfefferkörnern in einem Topf zum Kochen bringen und um die Hälfte einkochen lassen.

Die Sahne und den Geflügelfond zugeben und aufkochen lassen. Die Butter unterrühren und abschmecken.

Geflügelfond

Ergibt ca. 1 l Sauce
1 Suppenhuhn
1 Karotte
1 Lauch
1 Stange Staudensellerie
2 Schalotten
10 Pfefferkörner
1 Lorbeerblatt
Salz
100 ml Weißwein
100 g Butter

Das Suppenhuhn halbieren. Das geputzte Gemüse und die Schalotten in Würfel schneiden. Die Butter in einem großen Topf erhitzen und darin das Huhn sowie das Gemüse hell anschwitzen.

Mit Weißwein ablöschen und mit etwa 1,5 Liter Wasser aufgießen, einmal aufkochen lassen und dann bei geringer Hitze etwa 3 Stunden ziehen lassen. Den Fond durch ein feines Sieb passieren und im Kühlschrank aufbewahren.

Karkassen von 4 Hummern
1 Karotte
2 Schalotten
1 Stange Staudensellerie
1/2 Fenchelknolle
2 Tomaten
1 EL Tomatenmark
50 ml Cognac
250 ml Weißwein
10 weiße Pfefferkörner
etwas Thymian und Estragon
Olivenöl

Hummerfond

Die Hummerkarkassen putzen, zerkleinern und in Olivenöl anrösten. Das in Würfel geschnittene Gemüse dazugeben und kurz mitschwitzen. Das Tomatenmark zugeben und ganz kurz mitrösten, mit Cognac ablöschen und flambieren. Mit Weißwein auffüllen und Pfefferkörner und Kräuter dazugeben. Mit Wasser auffüllen, sodass alles bedeckt ist. Etwa 1 Stunde bei geringer Hitze köcheln, anschließend 2 Stunden ziehen lassen. Passieren und kaltstellen.

Für die Entensauce

1 Entenkarkasse, in nussgroße Stücke gehackt
2 Entenkeulen, in nussgroße Stücke gehackt
50 ml Öl
je 80 g Karotten, Sellerie und Zwiebeln, gewürfelt
Salz
100 ml Rotwein
2 l Geflügelfond (siehe Grundrezept Seite 65)
einige Zweige Thymian

Für die Senfkörner

100 g Senfkörner
500 ml Wasser
400 ml Apfelsaft
400 ml Geflügelfond (siehe Grundrezept Seite 65)
1 TL Balsamicoessig

Senfkörner-Entensauce

Die Karkassenstücke und Keulen in Öl rundum braun rösten. Gemüsewürfel und Salz hinzugeben, kurz mitrösten und das Fett abgießen. Mit Rotwein ablöschen und fast vollständig einkochen lassen.

Geflügelfond aufgießen und Thymian hinzufügen. Zum Kochen bringen und 2 Stunden bei geringer Hitze köcheln lassen. Danach die Sauce durch ein feines Sieb passieren.

Die Senfkörner vorher im Kühlschrank 24 Stunden in Wasser einweichen. Anschließend gut abspülen.

Den Apfelsaft und den Geflügelfond zum Kochen bringen, die Senfkörner hinzugeben und köcheln lassen, bis sie weich sind. Mit Balsamico abschmecken und in die Entensauce geben.

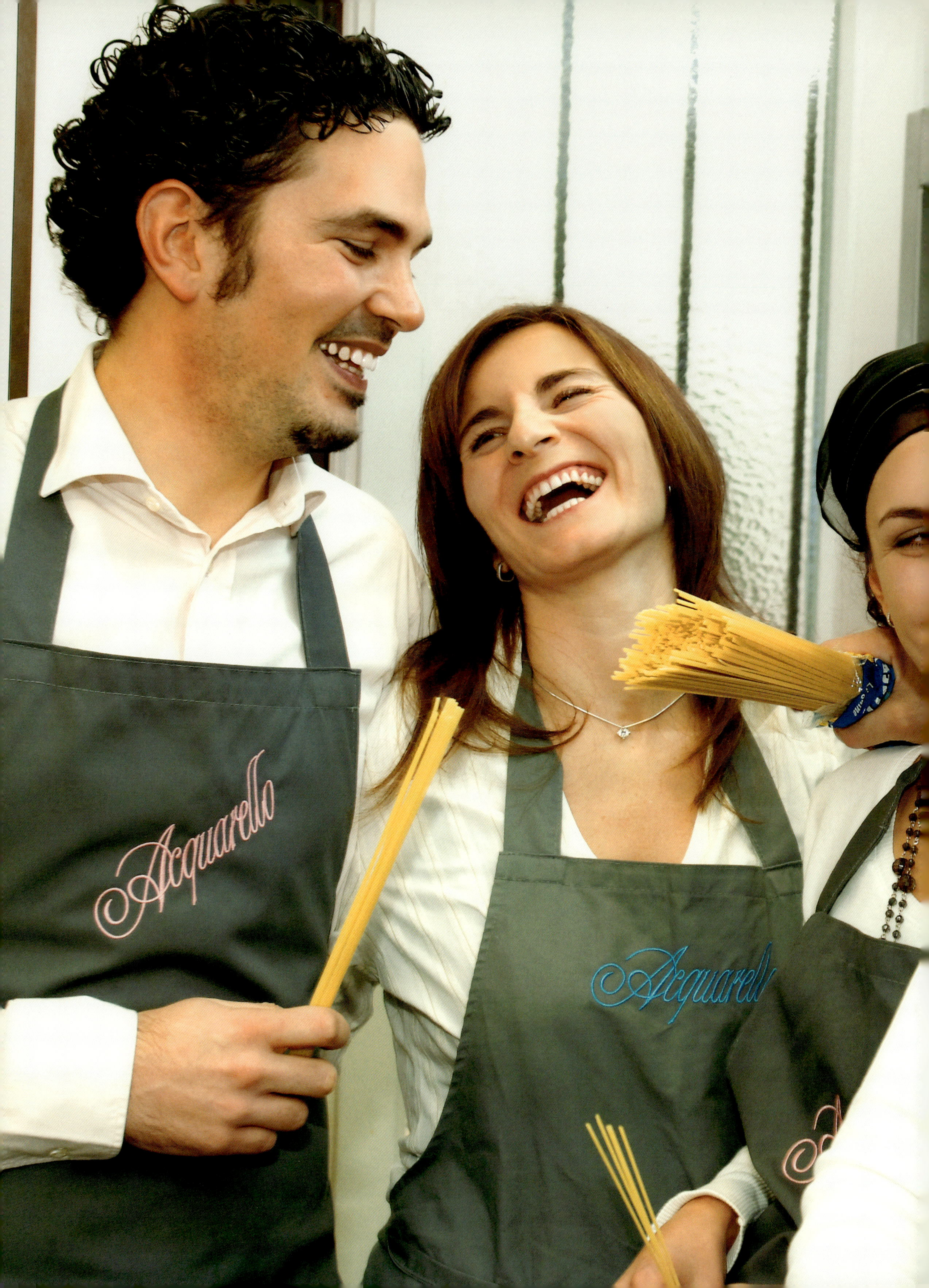
Acquarello
Acquarello

Mario Gambas

Pasta Acquarello

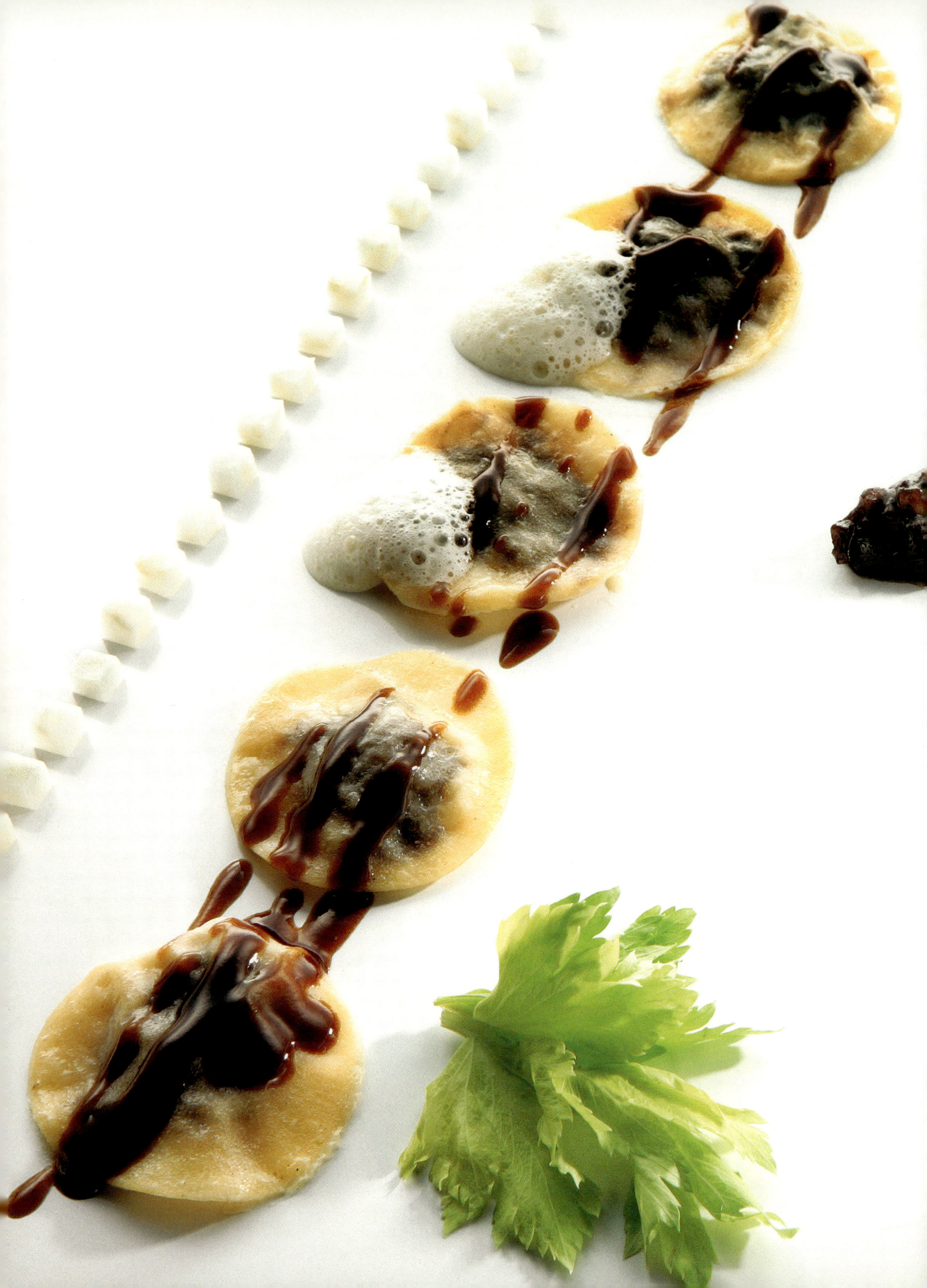

Für die Füllung
200 g Rinderfilet
2 Schalotten
100 ml Barolosauce (siehe Grundrezept Seite 64)
Salz
Pfeffer
Öl zum Braten

Für die Agnolotti
200 g Nudelteig (siehe Grundrezept Seite 64)
1 Ei
Mehl

Für die Selleriesauce
150 g Sellerie, geputzt
150 ml Geflügelfond (siehe Grundrezept Seite 65)
50 ml Weißwein
50 ml Sahne
50 g Butter
Salz
Pfeffer

Agnolotti mit Rinderfilet und Selleriesauce

Das Rinderfilet und die Schalotten in sehr feine Würfel schneiden. In heißem Öl anbraten und mit Salz und Pfeffer würzen. Mit der Barolosauce aufgießen und etwas einkochen lassen.

Den Teig mit der Nudelmaschine zu hauchdünnen Platten ausrollen und auf eine bemehlte Arbeitsfläche legen. Die Hälfte der Nudelplatten mit verquirltem Ei bestreichen und im Abstand von etwa 4 cm je einen Teelöffel der Füllung daraufsetzen. Die restlichen Teigplatten darüberlegen, rund um die Füllung fest andrücken und rund ausstechen. In reichlich siedendem Salzwasser etwa 3 Minuten garen.

Den Sellerie in Würfel schneiden und in dem Geflügelfond weich kochen. Weißwein, Sahne und Butter dazugeben, noch einmal aufkochen lassen. Alles fein mixen und mit Salz und Pfeffer abschmecken. Die Sauce über die abgetropften Agnolotti geben.

Für die Füllung
2 Äpfel
60 g Butter
20 g Tafelmeerrettich (aus dem Glas)
50 g Mascarpone
50 g Ricotta
Salz
Pfeffer
Zitronensaft

Für die Ravioli
250 g Nudelteig (siehe Grundrezept Seite 64)
1 Ei
Mehl

Für die Leber
300 g Geflügelleber
Salz
Pfeffer
Mehl
Öl

Für die Sauce
150 ml Weißweinsauce (siehe Grundrezept Seite 65)

Apfel-Meerrettich mit gebratener Geflügelleber

Die Äpfel schälen und in feine Würfel schneiden. Die Würfel in der Butter anschwitzen und den Meerrettich dazugeben. Mit Salz, Pfeffer und Zitronensaft würzen und abkühlen lassen. Dann Ricotta und Mascarpone unterrühren.

Den Teig mit der Nudelmaschine zu hauchdünnen Platten ausrollen. Die Hälfte der Teigbahnen mit verquirltem Ei bestreichen und im Abstand von etwa 4 cm je einen Löffel der Füllung daraufsetzen. Die übrigen Nudelbahnen darüberlegen und rund um die Füllung fest andrücken. Mit einem Ausstecher die Ravioli ausstechen. Die Nudeln in reichlich siedendem Salzwasser etwa 2 Minuten garen.

Die Leber würzen und in Mehl wenden. Das Öl in einer Pfanne erhitzen und die Leber kurz darin braten.

Die Sauce aufkochen und mit einem Mixer aufschäumen. Leber und Ravioli auf Tellern anrichten und mit der Weißweinsauce übergießen.

Artischockenravioli mit Kokossauce

Für die Füllung
3 geputzte Artischockenböden
10 ml Sherryessig
50 ml Geflügelfond
60 g Mascarpone
Salz
Pfeffer
Olivenöl

Für die Kokossauce
100 ml Weißweinsauce (siehe Grundrezept Seite 65)
50 ml Kokosmilch
5 ml Kokossirup
Salz
Pfeffer

Für die Ravioli
300 g Nudelteig (siehe Grundrezept Seite 64)
1 Ei
Mehl

Die Artischockenböden in kleine Würfel schneiden und in Olivenöl anbraten. Mit Salz und Pfeffer würzen, mit Sherryessig ablöschen und mit dem Geflügelfond aufgießen. Den Fond auf die Hälfte reduzieren und die Artischocken abkühlen lassen. Zum Schluss den Mascarpone unterheben.

Den Teig mit der Nudelmaschine hauchdünn ausrollen und auf eine bemehlte Arbeitsfläche legen. Die Hälfte der Teigplatten mit verquirltem Ei bestreichen und im Abstand von 4 cm je einen Teelöffel der Füllung daraufsetzen. Die übrigen Teigplatten darüberlegen und rund um die Füllung fest andrücken. Mit einem runden Ausstecher die Ravioli ausstechen und in siedendem Salzwasser 2 Minuten garen.

Alle Zutaten für die Kokossauce zusammen aufkochen und abschmecken. Die Sauce über die abgetropften Ravioli geben.

Für die Füllung
1 große Aubergine
Zitronensaft
Olivenöl
2 Zweige Rosmarin
2 ganze Knoblauchzehen
80 g Mascarpone
Salz
Pfeffer

Für die Panzerotti
250 g Nudelteig (siehe Grundrezept Seite 64)
1 Ei
Mehl

Für die Sauce
50 g Butter
einige Zweige Thymian
150 ml Weißweinsauce (siehe Grundrezept Seite 65)

Auberginenpanzerotti mit Thymiansauce

Die Aubergine halbieren. Das Fruchtfleisch einschneiden, würzen und mit Zitronensaft und Olivenöl beträufeln. Die Auberginenhälften zusammen mit Rosmarin und Knoblauch locker in Alufolie einschlagen und im vorgeheizten Backofen bei 180 °C etwa 20 Minuten garen. Dann das Fruchtfleisch mit einem Löffel herausnehmen und im Mixer fein pürieren. Wenn die Masse abgekühlt ist, den Mascarpone unterrühren und das Püree abschmecken.

Den Teig mit der Nudelmaschine zu hauchdünnen Teigplatten ausrollen und auf eine bemehlte Arbeitsfläche legen. Die Hälfte der Nudelplatten mit verquirltem Ei bestreichen und im Abstand von 3 cm je einen Teelöffel der Füllung daraufsetzen. Die übrigen Nudelplatten darüberlegen und rund um die Füllung fest andrücken. Mit einem runden Ausstecher ausstechen und in reichlich siedendem Salzwasser 2 Minuten garen.

Den Thymian in der Butter anschwitzen und mit der Weißweinsauce aufgießen. 10 Minuten ziehen lassen, dann durch ein feines Sieb passieren. Die Sauce vor dem Servieren über die abgetropften Panzerotti geben und mit etwas sehr fein gehacktem Thymian garnieren.

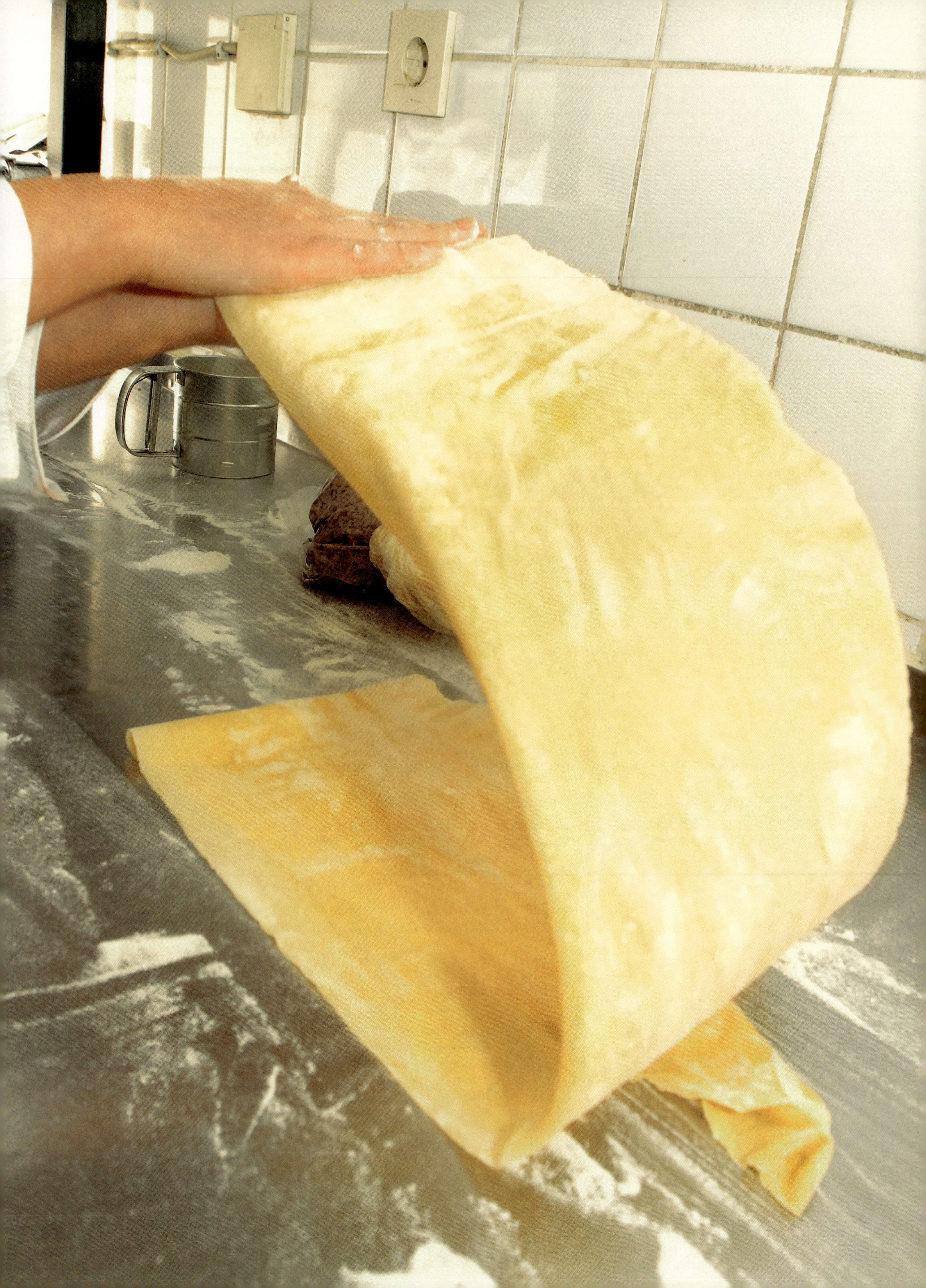

Avocado-Gamba-Ravioli mit Curry-Vanillesauce

Für die Füllung
4 geputzte Gambas
1 Avocado
100 g Mascarpone
Salz
Pfeffer
Olivenöl

Für die Ravioli
250 g Nudelteig (siehe Grundrezept Seite 64)
1 Ei
Mehl

Für die Sauce
1 Banane
1 Apfel
50 g Butter
Currypulver
Salz
Pfeffer
1 Vanilleschote
150 ml Weißweinsauce (siehe Grundrezept Seite 65)

Die Gambas in kleine Würfel schneiden, mit Salz und Pfeffer würzen und in Olivenöl anbraten. Beiseite stellen. Die Avocado schälen, das Fruchtfleisch vom Stein schneiden, fein würfeln und mit dem Mascarpone und den Gambas verrühren. Mit Salz und Pfeffer abschmecken.

Den Teig mit der Nudelmaschine zu hauchdünnen Platten ausrollen und auf eine bemehlte Arbeitsfläche legen. Die Hälfte der Nudelplatten mit verquirltem Ei bestreichen und im Abstand von etwa 3 cm je einen Teelöffel der Füllung daraufsetzen. Die restlichen Nudelplatten darüberlegen und rund um die Füllung fest andrücken. Mit einem Ravioliausstecher ausstechen. Die Ravioli in siedendem Salzwasser etwa 3 Minuten kochen.

Die Banane und den Apfel schälen, würfeln und in Butter anschwitzen. Curry, Salz, Pfeffer und die Vanilleschote dazugeben. Mit der Weißweinsauce ablöschen, aufkochen und weitere 10 Minuten ziehen lassen. Die Vanilleschote entfernen, die Sauce mixen und durch ein feines Sieb passieren. Zu den abgetropften Ravioli reichen.

Für die Füllung

150 g Wirsingblätter
50 g Butter
80 ml Sahne
Salz
Pfeffer
Muskat

Für die Agnolotti

200 g Nudelteig (siehe Grundrezept Seite 64)
1 Ei
Mehl

Für den Trüffelschaum

1 kleiner weißer Trüffel
50 g Butter
150 ml Weißweinsauce (siehe Grundrezept Seite 65)
5 ml Trüffelöl

Wirsing-Agnolotti mit Trüffelschaum

Die Wirsingblätter in feine Streifen schneiden und in Butter anschwitzen. Die Sahne dazugeben und den Wirsing weich garen. Mit Salz, Pfeffer und Muskat abschmecken.

Den Teig mit der Nudelmaschine zu hauchdünnen Platten ausrollen und auf eine bemehlte Arbeitsfläche legen. Die Hälfte der Nudelplatten mit verquirltem Ei bestreichen und im Abstand von etwa 4 cm je einen Teelöffel der Füllung daraufsetzen. Die restlichen Teigplatten darüberlegen und rund um die Füllung fest andrücken. Mit einem runden Ausstecher die Agnolotti ausstechen. Die Nudeln in siedendem Salzwasser etwa 3 Minuten kochen.

Den Trüffel klein schneiden und in der Butter anschwitzen. Weißweinsauce und Trüffelöl hinzugeben und einmal aufkochen lassen. Die Sauce mit einem Mixer aufschäumen und vor dem Servieren über die Agnolotti geben.

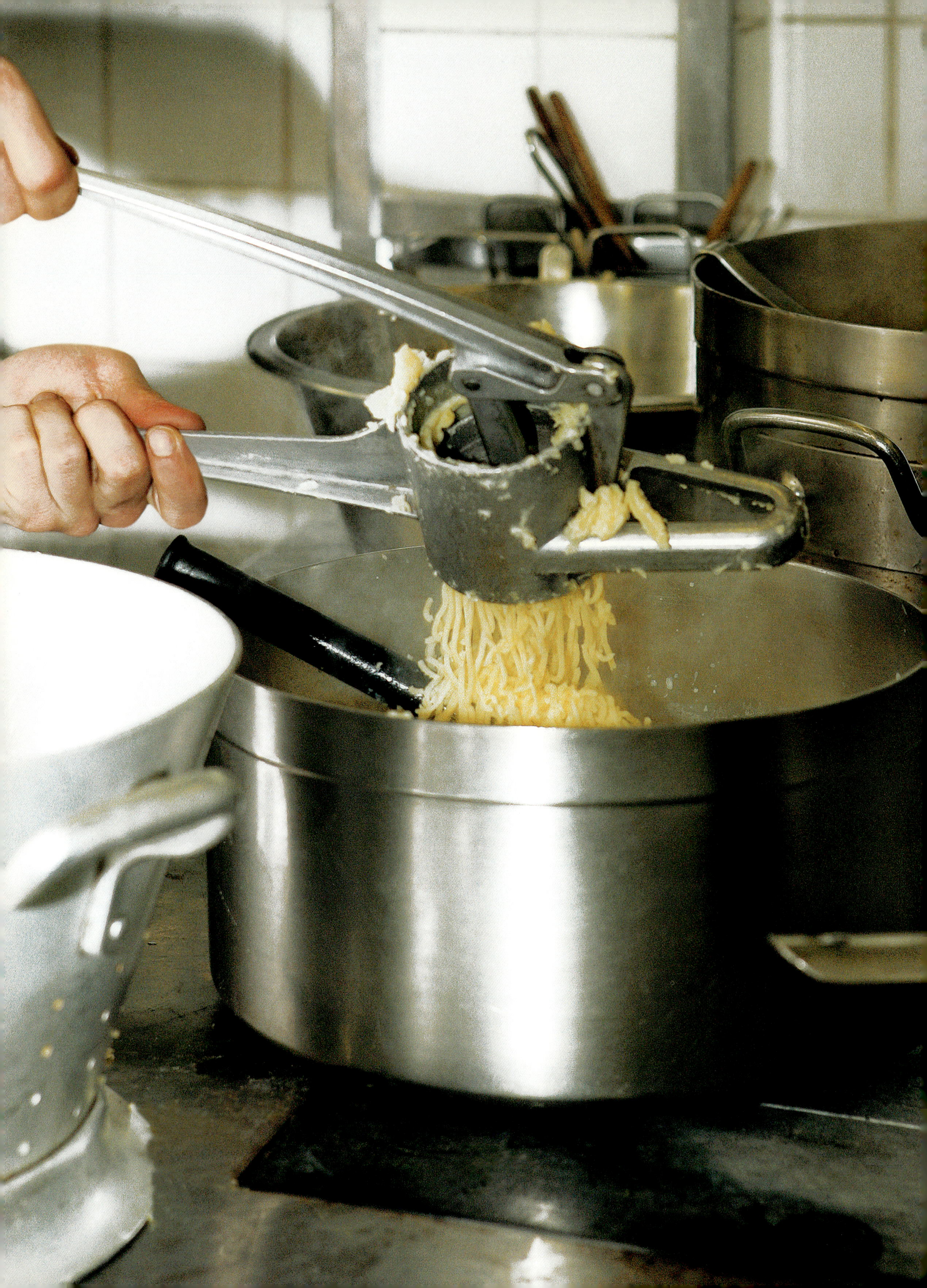

Bärlauchgnocchi mit Parmesanbutter

Für die Gnocchi
250 g Bärlauch
300 g im Ofen gegarte Kartoffeln
150 g Mehl
1 Ei
2 Eigelb
Salz
Pfeffer

Für die Parmesanbutter:
100 ml Geflügelfond (siehe Grundrezept Seite 65)
90 g Butter
100 g frisch geriebener Parmesan

Den Bärlauch waschen, in einen Topf geben und mit wenig Wasser weich kochen. Abgießen und mit kaltem Wasser abschrecken. Den Bärlauch im Mixer pürieren, das Püree in ein Tuch geben und auspressen.

Die Kartoffeln durch eine Kartoffelpresse drücken. Bärlauch- und Kartoffelpüree mit Mehl, Ei und Eigelben zu einem glatten Teig verarbeiten. Mit Salz und Pfeffer abschmecken.

Aus dem Gnocchiteig etwa 1 cm dicke und 2 cm lange Röllchen formen. In siedendem Salzwasser etwa 3 Minuten garen. Die Gnocchi sind fertig, sobald sie an der Oberfläche schwimmen.

Den Geflügelfond aufkochen und die Butter dazugeben. Die gekochten, abgetropften Gnocchi in den Fond geben und mit dem Parmesan bestreuen.

Für die Füllung
1 Birne
50 g Butter
100 g Gorgonzola
50 g Ricotta
Salz
Balsamicoessig

Für die Triangoli
250 g Nudelteig (siehe Grundrezept Seite 64)
1 Ei
Salz

Für die Balsamico-Reduktion
400 ml Balsamicoessig
200 ml roter Traubensaft

Zum Garnieren
einige Birnenspalten

Birnen-Gorgonzola-Balsamico-Triangoli

Die Birne schälen, in feine Würfel schneiden und in der Butter anschwitzen. Abkühlen lassen und mit Gorgonzola und Ricotta verrühren. Mit Salz und Balsamicoessig abschmecken.

Den Teig mit der Nudelmaschine hauchdünn ausrollen und auf eine bemehlte Arbeitsfläche legen. Die Hälfte der Nudelplatten mit verquirltem Ei bestreichen und im Abstand von etwa 3 cm je einen Teelöffel der Füllung daraufsetzen. Die übrigen Nudelplatten darüberlegen und rund um die Füllung fest andrücken. Die Triangoli mit einem Messer dreieckig ausschneiden. In reichlich siedendem Salzwasser etwa 2 Minuten garen.

Den Balsamico und den Traubensaft in einen Topf geben und so lange einkochen lassen, bis die Reduktion dickflüssig wird. Vor dem Servieren über die abgetropften Triangoli gießen. Mit Birnenspalten garnieren.

Blumenkohlpanzerotti mit Schnittlauchsauce

Für die Füllung
150 g Blumenkohl
80 g Butter
10 ml Noilly Prat
100 ml Geflügelfond (siehe Grundrezept Seite 65)
50 g Sahne
Salz
Pfeffer

Für die Panzerotti
250 g Nudelteig (siehe Grundrezept Seite 64)
1 Ei
Mehl

Für die Sauce
1 Bund Schnittlauch
150 ml Weißweinsauce (siehe Grundrezept Seite 65)

Den Blumenkohl waschen, in kleine Stücke schneiden und in der Butter anschwitzen. Mit Noilly Prat ablöschen und mit Geflügelfond aufgießen. Die Sahne zugeben und fast vollständig einkochen lassen. Die Masse abschmecken und abkühlen lassen.

Den Teig mit der Nudelmaschine zu hauchdünnen Platten ausrollen und auf eine bemehlte Arbeitsfläche legen. Die Hälfte der Nudelplatten mit verquirltem Ei bestreichen und im Abstand von etwa 4 cm je einen Löffel der Füllung daraufsetzen. Die übrigen Teigplatten darüberlegen und rund um die Füllung fest andrücken. Mit einem Teigrad die Panzerotti quadratisch ausschneiden und in siedendem Salzwasser etwa 2 Minuten garen.

Den Schnittlauch sehr fein schneiden. Die Weißweinsauce aufkochen und mit einem Mixer aufschäumen. Den Schaum abnehmen, mit dem Schnittlauch verrühren und über die Panzerotti geben.

Für die Füllung

2 gewürfelte Schalotten
50 g gewürfelte Pancetta
60 g Butter
150 g über Nacht eingeweichte Borlottibohnen
100 ml Geflügelfond (siehe Grundrezept Seite 65)
50 g Mascarpone
Salz
Pfeffer

Für die Agnolotti

200 g Nudelteig (siehe Grundrezept Seite 64)
1 Ei
Mehl
80 g Butter
100 g frisch geriebener Parmesan

Borlottibohnen-Agnolotti mit Pancetta

Die gewürfelten Schalotten und die Pancetta in Butter anschwitzen. Die Bohnen hinzugeben, mit Geflügelfond auffüllen und köcheln lassen, bis die Bohnen weich sind. Die Masse fein pürieren und abkühlen lassen. Dann den Mascarpone unterheben und mit Salz und Pfeffer abschmecken.

Den Teig mit der Nudelmaschine zu hauchdünnen Platten ausrollen und auf eine bemehlte Arbeitsfläche legen. Die Hälfte der Nudelplatten mit verquirltem Ei bestreichen und im Abstand von 3 cm je einen Teelöffel der Füllung daraufsetzen. Die übrigen Teigplatten darüberlegen und rund um die Füllung fest andrücken. Die Agnolotti rund ausstechen und in reichlich siedendem Salzwasser etwa 2 Minuten kochen. Vor dem Servieren mit flüssiger Butter begießen und mit Parmesan bestreuen.

Für die Calamaretti

12 geputzte Calamaretti

Salz

Pfeffer

Öl

80 g Butter

Für die Gnocchi

200 g tiefgekühlte Erbsen

280 g im Ofen gegarte Kartoffeln

180 g Mehl

1 Ei

2 Eigelb

etwas fein gehackte Minze

40 g Butter

50 g Parmesan

Für die Sauce

1 Topf Minze

80 g Butter

200 ml Weißweinsauce (siehe Grundrezept Seite 65)

Erbsen-Minze-Gnocchi mit Calamaretti

Die Calamaretti klein schneiden und mit Salz und Pfeffer würzen. In wenig sehr heißem Öl kurz anbraten und die Butter dazugeben.

Die Erbsen auftauen, fein mixen und durch ein Sieb passieren. Die Kartoffeln durch eine Kartoffelpresse drücken und mit dem Erbsenpüree verrühren. Nach und nach alle übrigen Zutaten einkneten, bis ein fester, glatter Teig entsteht. Aus dem Gnocchiteig 2 cm dicke Rollen formen und in 1 cm lange Gnocchi schneiden. In reichlich siedendem Salzwasser etwa 4 Minuten garen. Die Gnocchi sind fertig, sobald sie an der Oberfläche schwimmen.

Die Minzeblätter in der Butter anschwitzen und mit der Weißweinsauce ablöschen. Einmal aufkochen und weitere 10 Minuten ziehen lassen, dann durch ein Sieb passieren. Die abgetropften Gnocchi zusammen mit den Calamaretti auf Tellern anrichten und die Sauce darübergeben. Mit einigen Blättchen frischer Minze garnieren.

Erbsenpanzerotti mit Hummer

Für die Füllung
200 g tiefgekühlte Erbsen
50 g Sahne
100 g Mascarpone
Salz
Pfeffer

Für die Panzerotti
200 g Nudelteig (siehe Grundrezept Seite 64)
1 Ei
Mehl

Für den Hummer
2 Hummer
150 g Butter

Für die Sauce
150 ml Weißweinsauce (siehe Grundrezept Seite 65)
150 ml Hummerfond (siehe Grundrezept Seite 66)

Die Erbsen auftauen, mit der Sahne fein mixen und durch ein Sieb passieren. Das Erbsenpüree mit dem Mascarpone verrühren und mit Salz und Pfeffer abschmecken.

Den Teig mit der Nudelmaschine zu hauchdünnen Platten ausrollen und auf eine bemehlte Arbeitsfläche legen. Die Hälfte der Nudelplatten mit verquirltem Ei bestreichen und im Abstand von 4 cm je einen Teelöffel der Füllung daraufsetzen. Die übrigen Teigplatten darüberlegen, rund um die Füllung fest andrücken und quadratisch ausschneiden. In reichlich siedendem Salzwasser etwa 2 Minuten garen.

Die Hummer in reichlich siedendem Salzwasser 5 Minuten kochen und in Eiswasser abkühlen lassen. Die Scheren und den Schwanz ausbrechen (die Karkassen für den Hummerfond beiseite stellen). Den Darm entfernen, den Schwanz in Medaillons schneiden und zusammen mit den Scheren in der Butter vorsichtig erhitzen (nicht zu stark, sonst wird das Fleisch zäh).

Den Hummerfond aufkochen und auf die Hälfte einreduzieren lassen. Die Weißweinsauce aufkochenund mit dem Mixer aufschäumen. Die Panzerotti mit dem Hummerfond und der Weißweinsauce anrichten.

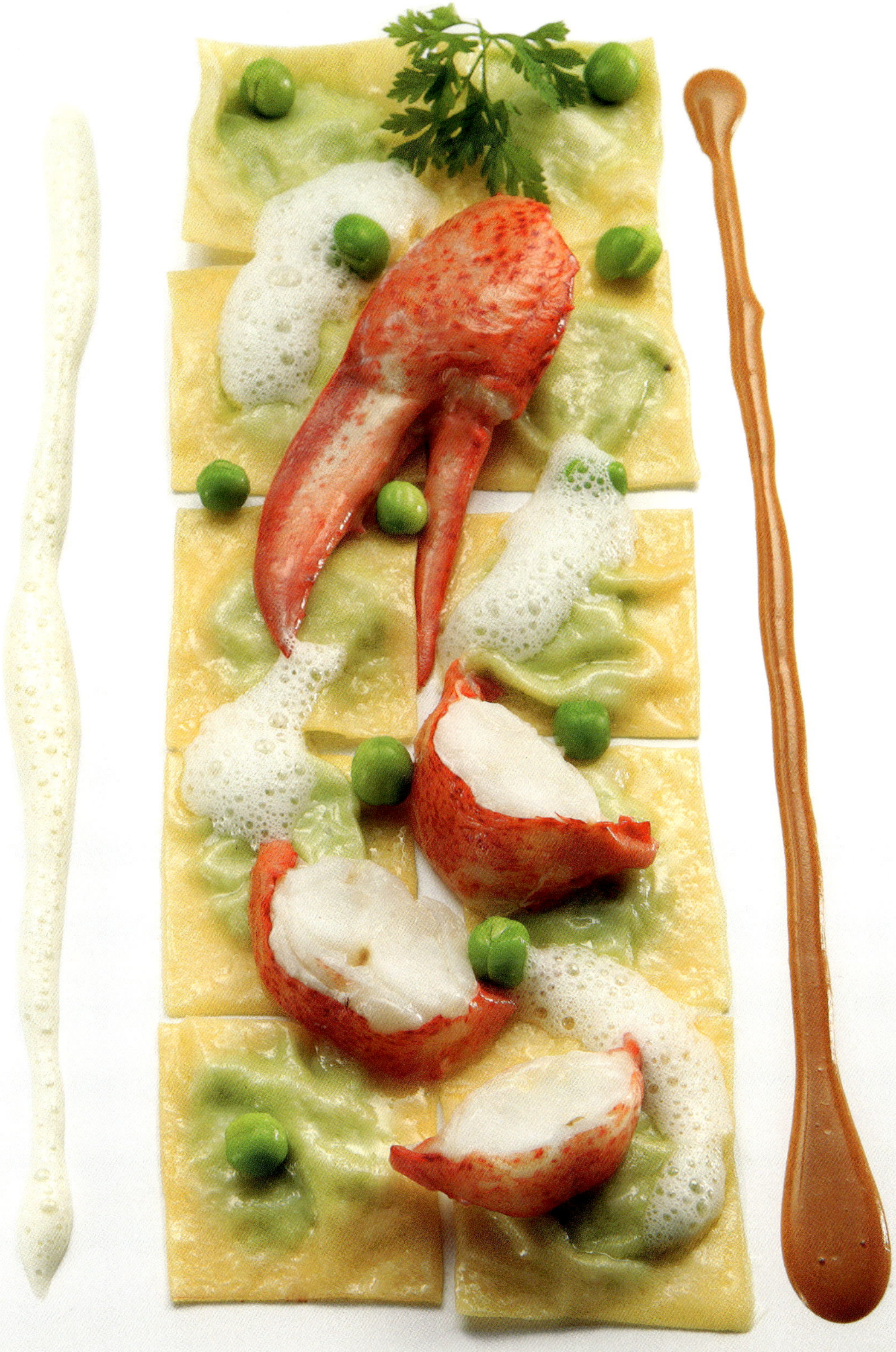

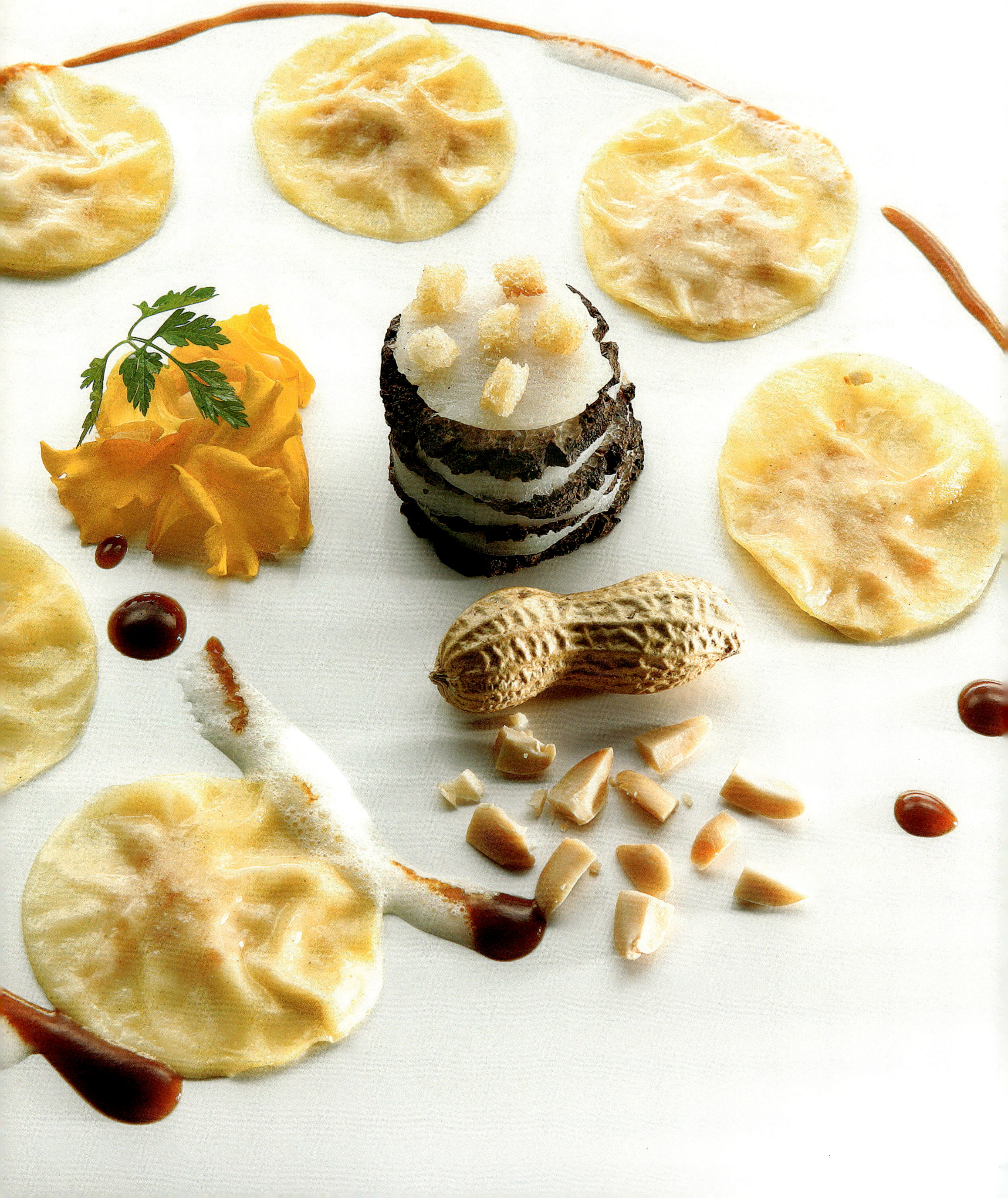

Für die Füllung

250 g gehackte Erdnüsse
50 g Butter
50 g Mascarpone
Salz
Pfeffer

Für die Panzerotti

250 g Nudelteig (siehe Grundrezept Seite 64)
1 Ei
Mehl

Für den Pfefferschaum

20 weiße Pfefferkörner
50 g Butter
150 ml Weißweinsauce (siehe Grundrezept Seite 65)

Für die Jakobsmuscheln

4 große Jakobsmuscheln
Salz
Pfeffer
40 g Butter
1 schwarzer Norcia-Trüffel (10 bis 20 g)

Erdnusspanzerotti mit Jakobsmuscheln und Norcia-Trüffel auf Pfefferschaum

Die gehackten Erdnüsse in der Butter anschwitzen. Abkühlen lassen, mit Mascarpone verrühren und mit Salz und Pfeffer abschmecken.

Den Teig mit der Nudelmaschine zu hauchdünnen Platten ausrollen und auf eine bemehlte Arbeitsfläche legen. Die Hälfte der Nudelplatten mit verquirltem Ei bestreichen und im Abstand von 3 cm je einen Teelöffel der Füllung daraufsetzen. Die übrigen Nudelplatten darüberlegen, rund um die Füllung fest andrücken und mit einem Ausstecher kreisförmig ausstechen. In reichlich siedendem Salzwasser 2 Minuten garen.

Die Pfefferkörner in der Butter anschwitzen und mit der Weißweinsauce aufgießen. 10 Minuten ziehen lassen und durch ein feines Sieb geben.

Die Jacobsmuscheln mit Salz und Pfeffer würzen und auf ein kleines Backblech legen. Je ein Stückchen Butter auf jede Muschel geben und im vorgeheizten Backofen bei 180 °C 4 bis 6 Minuten garen. Anschließend in dünne Scheiben schneiden.

Den Trüffel in feine Scheiben hobeln und mit den Jakobsmuschelscheiben abwechselnd zu kleinen Türmchen schichten. Diese zusammen mit den Panzerotti auf Tellern anrichten und mit dem Pfefferschaum umgießen.

Feigentortelli mit Cassisbutter und gebratener Gänsestopfleber

Für die Füllung

200 g getrocknete Feigen

50 ml Sahne

50 g Mascarpone

Salz

Pfeffer

Für die Tortelli

250 g Nudelteig (siehe Grundrezept Seite 64)

1 Ei

Mehl

Für die Cassisbutter

150 ml roter Portwein

100 ml Cassis-Likör

1 gewürfelte Schalotte

10 weiße Pfefferkörner

50 g kalte Butter

Für die Gänsestopfleber

160 g geputzte Gänsestopfleber

Mehl

Salz

Himbeeressig

150 ml Weißweinsauce

Die Feigen kleinschneiden und zusammen mit der Sahne mit einem Pürierstab fein mixen. Dann den Mascarpone unterrühren und mit Salz und Pfeffer abschmecken.

Den Teig mit der Nudelmaschine zu hauchdünnen Bahnen ausrollen und auf eine bemehlte Arbeitsfläche legen. Aus den Bahnen runde Teigblätter mit einem Durchmesser von etwa 5 cm ausstechen. Die Hälfte jedes ausgestochenen Teigkreises mit verquirltem Ei bestreichen, einen Teelöffel der Füllung daraufgeben, die andere Hälfte über die Füllung klappen und den Rand fest andrücken. Die Tortelli in reichlich siedendem Salzwasser etwa 3 Minuten garen.

Portwein, Cassis-Likör, Schalottenwürfel und Pfefferkörner in einen Topf geben und einkochen lassen, bis die Flüssigkeit siruppartig wird. Etwas abkühlen lassen, dann die Butter mit einem Schneebesen nach und nach in die warme Mischung einrühren.

Die Gänsestopfleber in Stücke schneiden, in Mehl wenden und ohne Fett in einer heißen Pfanne von beiden Seiten goldbraun braten. Salzen und mit ein wenig Himbeeressig aromatisieren. Zusammen mit den abgetropften Tortelli auf Tellern anrichten und mit der Cassisbutter nappieren.

Die Weißweinsauce aufkochen und mit dem Rührstab aufmixen. Die Tortelli mit der Sauce anrichten.

Für die Füllung
250 g Sellerie
80 g Butter
200 ml Geflügelfond (siehe Grundrezept Seite 65)
90 g Mascarpone
70 g Ricotta
Salz
Pfeffer

Für die Agnolotti
200 g Nudelteig (siehe Grundrezept Seite 64)
1 Ei
Mehl

Für das Gambas-Ragout
8 Riesengarnelen
Olivenöl
Salz
Pfeffer
60 g Butter
Basilikum

Den Sellerie klein schneiden und in der Butter anbraten. Salzen, pfeffern und mit dem Geflügelfond aufgießen. Den Sellerie weich garen und kalt stellen. Die abgekühlte Masse mit Ricotta und Mascarpone verrühren und nochmals abschmecken.

Den Teig mit der Nudelmaschine zu hauchdünnen Platten ausrollen und auf eine bemehlte Arbeitsfläche legen. Die Hälfte der Nudelplatten mit verquirltem Ei bestreichen und im Abstand von etwa 3 cm je einen Teelöffel der Füllung daraufsetzen. Die restlichen Teigplatten darüberlegen und rund um die Füllung fest andrücken. Mit einem runden Ausstecher die Agnolotti ausstechen. Die Nudeln in siedendem Salzwasser etwa 2 Minuten kochen.

Für das Gambas-Ragout die Riesengarnelen klein schneiden, mit Salz und Pfeffer würzen und in Olivenöl anbraten. Zum Schluss die Butter und das Basilikum dazugeben.

Das Gambas-Ragout mit den Agnolotti auf Tellern anrichten und mit einigen frischen Basilikumblättchen garnieren.

Sellerieagnolotti mit Gambas-Ragout

Für die Füllung

200 g Jakobsmuscheln

50 g Butter

50 g Mascarpone

abgeriebene Schale von 1 unbehandelten Zitrone

Salz

roter Pfeffer

Für die Capelletti

250 g Nudelteig (siehe Grundrezept Seite 64)

1 Ei

Mehl

Für die Karotten-Ingwer-Sauce

2 Karotten

50 g Butter

20 g frischer Ingwer

150 ml Weißweinsauce (siehe Grundrezept Seite 65)

50 ml Geflügelfond (siehe Grundrezept Seite 65)

Salz

Pfeffer

Zucker

Die Jakobsmuscheln klein schneiden, würzen und kurz in der Butter anbraten. Etwas abkühlen lassen und mit den übrigen Zutaten verrühren.

Den Teig mit der Nudelmaschine zu hauchdünnen Teigplatten ausrollen und auf eine bemehlte Arbeitsfläche legen. Aus den Teigplatten etwa 5 cm große Quadrate schneiden. Die Ränder mit Ei bestreichen und in die Mitte jedes Quadrats je einen Teelöffel der Füllung geben. Diagonal zusammenfalten und rund um die Füllung fest andrücken. Die Dreiecke zu Capelletti formen und in reichlich siedendem Salzwasser vorsichtig 2 Minuten garen.

Die Karotten schälen, klein schneiden und zusammen mit dem fein geschnittenen Ingwer und etwas Zucker in der Butter anschwitzen. Jetzt den Geflügelfond und die Weißweinsauce hinzugeben. Die Karotten weich kochen, alles mit einem Mixer pürieren und durch ein feines Sieb passieren. Die Sauce vor dem Servieren über die Capelletti geben.

Jakobsmuschel-Capelletti mit Karotten-Ingwer-Sauce

Für die Putenfarce
200 g Putenbrust
20 g flüssige Butter
100 ml Sahne
1 Ei
Salz
Pfeffer

Für die Füllung
8 getrocknete Pflaumen
1 Zweig Rosmarin
8 EL Putenfarce
Salz
Pfeffer
2 geputzte Kaninchenrücken
Öl zum Braten

Für die Cannelloni
250 g Nudelteig (siehe Grundrezept Seite 64)
Mehl

Für den Kaninchenfond
1 kg Kaninchenknochen, in nussgroße Stücke gehackt
50 ml Öl
2 EL Tomatenmark
1 Zwiebel
1 Stück Staudensellerie
1 Rosmarinzweig
2 Lorbeerblätter
10 Pfefferkörner
100 ml Weißwein
50 ml Madeira
Salz

Kaninchencannelloni mit Pflaumen

Die Putenbrust fein würfeln, mit Salz und Pfeffer würzen und im Mixer pürieren. Langsam die flüssige Butter, die Sahne und das Ei zugeben. Diese Masse zu einer feinen Farce verarbeiten. Die Pflaumen und den Rosmarin fein hacken und mit der Putenfarce vermischen. Mit Salz und Pfeffer abschmecken.

Den Teig mit der Nudelmaschine zu dünnen Platten ausrollen und auf eine bemehlte Arbeitsfläche legen. Die Nudelplatten auf die Länge der Kaninchenrücken zuschneiden und mit der Farce bestreichen.

Die Kaninchenrücken mit Salz und Pfeffer würzen und kurz anbraten. Je einen Kaninchenrücken auf die Nudlplatten legen und zu Cannelloni rollen. Diese zuerst in Frischhaltefolie und dann in Alufolie wickeln und in siedendem Wasser etwa 8 Minuten pochieren.

Die Knochen in dem Öl in einem großen Topf anrösten. Das Tomatenmark dazugeben und mitrösten. Das grob gewürfelte Gemüse, Kräuter und Gewürze dazugeben, kurz mitrösten. Mit Madeira und Weißwein ablöschen und völlig erkalten lassen. Mit kalten Wasser bedecken und zum Kochen bringen. Eine Stunde kochen lassen, dabei öfter abschäumen und entfetten. Zum Schluss mit Salz abschmecken und durch ein Sieb gießen. Die Cannelloni mit Kaninchenfond servieren. (Übrigen Fond portionsweise einfrieren.)

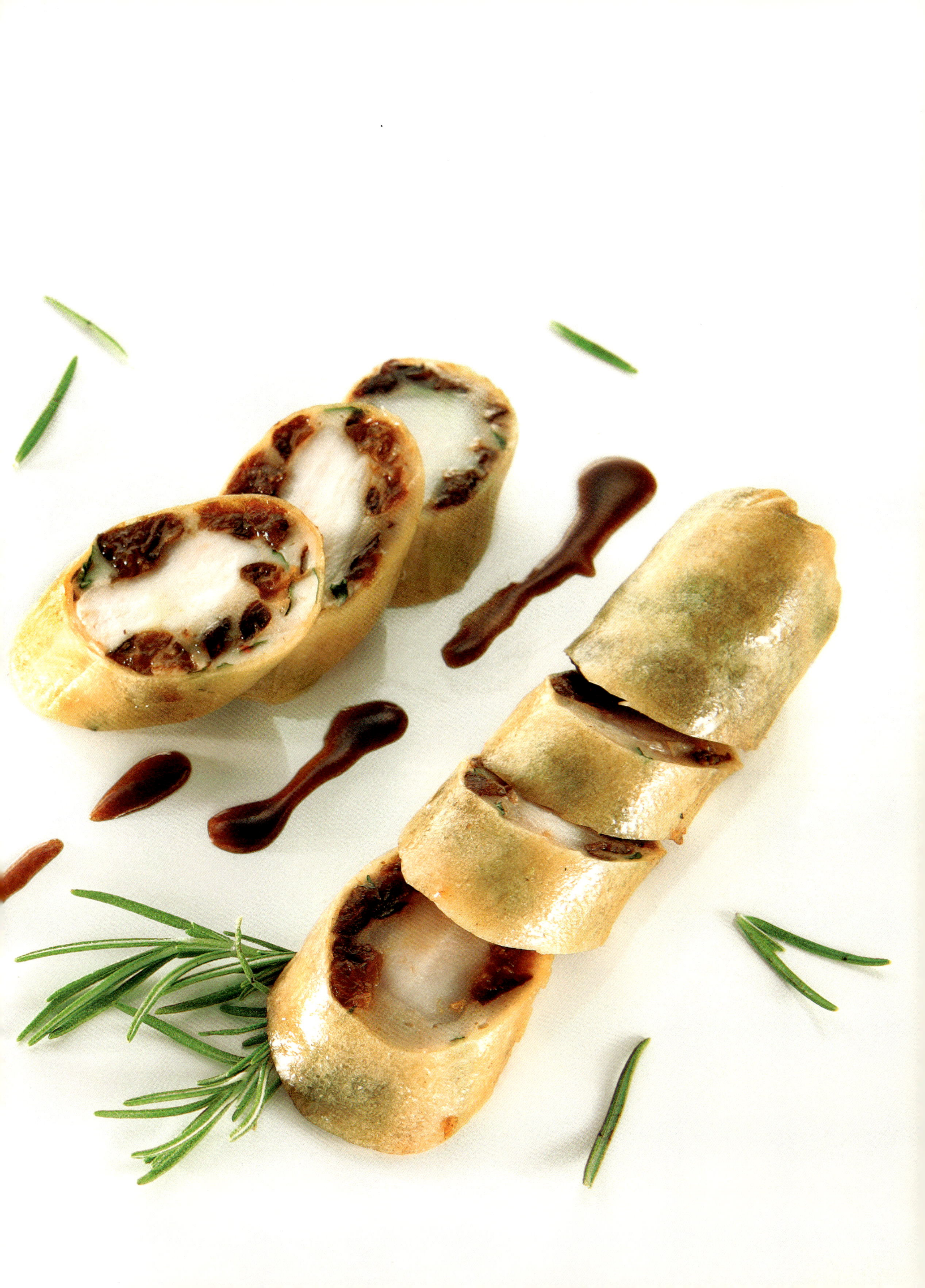

Karottenagnolotti mit Honig-Peperoncini-Sauce

Für die Füllung

150 g Karotten
80 g Butter
200 ml Geflügelfond (siehe Grundrezept Seite 65)
100 ml Sahne
Salz
Pfeffer
Zucker

Für die Agnolotti

250 g Nudelteig (siehe Grundrezept Seite 64)
1 Ei
Mehl

Für die Sauce

2 Peperoni
50 g Butter
50 g Honig
150 ml Weißweinsauce (siehe Grundrezept Seite 65)

Die Karotten schälen, klein schneiden und mit etwas Zucker in der Butter anschwitzen, bis sie leicht karamellisieren. Mit dem Geflügelfond und der Sahne ablöschen und die Flüssigkeit fast vollständig einkochen lassen. Die Masse mit einem Mixer pürieren und mit Salz und Pfeffer abschmecken.

Den Teig mit der Nudelmaschine zu hauchdünnen Platten ausrollen und auf eine bemehlte Arbeitsfläche legen. Die Hälfte der Nudelplatten mit verquirltem Ei bestreichen und im Abstand von etwa 3 cm je einen Teelöffel der Füllung daraufsetzen. Die restlichen Teigplatten darüberlegen und rund um die Füllung fest andrücken. Mit einem runden Ausstecher die Agnolotti ausstechen. Die Nudeln in siedendem Salzwasser etwa 2 Minuten kochen.

Die Peperoni klein schneiden und in der Butter anschwitzen. Den Honig dazugeben und mit der Weißweinsauce ablöschen. Einmal aufkochen und weitere 5 Minuten ziehen lassen. Die Sauce durch ein feines Sieb passieren und über die abgetropften Karottenagnolotti geben.

Den Kürbis klein schneiden und in reichlich siedendem Salzwasser weich kochen. Abgießen, abtropfen lassen, mit dem Pürierstab fein mixen und durch ein Sieb passieren. Anschließend mit einem Tuch auspressen.

Die Kartoffeln durch eine Kartoffelpresse drücken und mit dem Kürbispüree vermischen. Nach und nach alle übrigen Zutaten unterrühren, bis ein fester Teig entstanden ist. Aus dem Teig etwa 2 cm dicke Rollen formen und in 2 cm lange Gnocchi schneiden. In reichlich siedendem Salzwasser 4 Minuten garen. Die Gnocchi sind fertig, sobald sie an der Oberfläche schwimmen.

Den Fond in einem kleinen Topf zum Kochen bringen. Die Butter dazugeben und sämig einkochen lassen. Dann den Parmesan unterrühren. Vor dem Anrichten über die abgetropften Gnocchi geben. Mit klein gehackten Amaretti dekorieren und servieren.

Kürbisgnocchi mit Parmesanbutter und Amaretti

Für die Gnocchi

500 g Kürbis, geschält und entkernt

300 g im Ofen gegarte Kartoffeln

1 Ei

2 Eigelb

40 g flüssige Butter

150 g Mehl

Salz

Pfeffer

Muskat

Für die Parmesanbutter

150 g Geflügelfond (siehe Grundrezept Seite 65)

80 g Butter

100 g frisch geriebener Parmesan

Zum Anrichten

einige Amaretti

Für die Lasagnette

100 g geputzter Blattspinat
150 g Nudelteig (siehe Grundrezept Seite 64)
Mehl

Für die Beilagen

2 Entenbrüste
12 Fingerkarotten
200 g Rosenkohl
80 g Butter
140 ml Geflügelfond
Salz
Pfeffer
Öl
200 ml Senfkörnersauce (siehe Grundrezept Seite 67)

Lasagnette mit Entenbrust, Rosenkohl und Senfkörnersauce

Den Spinat mit wenig Wasser in einen Topf geben und weich garen. Abgießen und kalt abschrecken. Den Spinat im Mixer pürieren und in einem Tuch auspressen.

Das Spinatpüree mit dem Nudelteig und etwas Mehl verkneten. Den entstandenen Teig mit der Nudelmaschine hauchdünn ausrollen und in etwa 6 cm große Quadrate schneiden. Die Lasagnette etwa 1 Minute in siedendem Salzwasser kochen.

Die Entenbrüste von den Sehnen befreien, die Haut einschneiden und mit Salz und Pfeffer würzen. In einer Pfanne auf der Hautseite scharf anbraten, anschließend im vorgeheizten Backofen bei 180 °C etwa 8 Minuten garen. Weitere 2 Minuten ruhen lassen und in dünne Scheiben schneiden.

Die Fingerkarotten putzen und in wenig Wasser kurz vorkochen. Abgießen und zusammen mit dem Rosenkohl und der Butter in den kochenden Geflügelfond geben. Abschmecken und den Fond einkochen lassen, bis das Gemüse glasiert ist.

Mit den Lasagnette auf Tellern anrichten und mit der Senfkörnersauce nappieren.

Den Teig mit der Nudelmaschine zu hauchdünnen Platten ausrollen und auf eine bemehlte Arbeitsfläche legen. Die Hälfte der Platten mit den Kräuterblättern belegen, die restlichen Nudelplatten darüberlegen und fest andrücken. Die Teigplatten noch einmal durch die Nudelmaschine rollen und rund ausstechen. Die Lasagnette in siedendem Salzwasser etwa 1 Minute kochen.

Die Riesengarnelen putzen, halbieren und den Darm entfernen. Mit Salz und Pfeffer würzen und kurz in heißem Öl braten.

Das Gemüse in Salzwasser vorkochen, in Butter und Geflügelfond schwenken und abschmecken.

Die Schalotten fein würfeln und in der Butter anschwitzen. Die geschnittenen Karotten dazugeben, mit dem Geflügelfond aufgießen und weich garen. Estragon und Weißweinsauce dazugeben und abschmecken. Die Sauce fein mixen und durch ein feines Sieb passieren.

Die abgetropften Lasagnette zusammen mit den Garnelen und dem Gemüse auf Tellern anrichten und mit der Karottensauce übergießen.

Lasagnette mit Gambas und kleinem Gemüse

Für die Lasagnette
150 g Nudelteig (siehe Grundrezept Seite 64)
frische Kräuter nach Belieben
Mehl

Für die Beilagen
8 Riesengarnelen
kleines Gemüse (Fingerkarotten, Saubohnen, Babyzucchini etc.)
Salz
Pfeffer
80 g Butter
100 ml Geflügelfond
Öl

Für die Karottensauce
2 Schalotten
80 g Butter
150 g Karotten
100 ml Geflügelfond (siehe Grundrezept Seite 65)
etwas Estragon
200 ml Weißweinsauce (siehe Grundrezept Seite 65)
Salz
Pfeffer

Für die Maronenfüllung
100 g gehackte Maronen
50 g Butter
10 ml Sherry
50 g Mascarpone
Salz
Pfeffer

Für die Agnolotti
150 g Nudelteig (siehe Grundrezept Seite 64)
1 Ei
Mehl

Für die Preiselbeerfüllung
100 g Mascarpone
50 g Ricotta
50 g Preiselbeeren
Salz
Pfeffer
Himbeeressig

Für die Ravioli
150 g Nudelteig (siehe Grundrezept Seite 64)
1 Ei
Mehl

Für die Rehfilets
4 geputzte Rehfilets
Salz
Pfeffer
4 große Mangoldblätter
Öl zum Braten

Maronenagnolotti und Preiselbeerravioli mit Rehfilets

Für die Maronenfüllung die Maronen in der Butter anschwitzen. Mit Sherry ablöschen und abkühlen lassen. Mit dem Mascarpone verrühren und mit Salz und Pfeffer abschmecken.

Den Teig mit der Nudelmaschine zu hauchdünnen Platten ausrollen und auf eine bemehlte Arbeitsfläche legen. Die Hälfte der Nudelplatten mit verquirltem Ei bestreichen und im Abstand von 3 cm je einen Esslöffel der Füllung daraufsetzen. Die restlichen Platten darüberlegen und rund um die Füllung fest andrücken. Die Agnolotti rund ausstechen und in reichlich siedendem Salzwasser etwa 2 Minuten garen.

Für die Preiselbeerfüllung alle Zutaten verrühren und abschmecken.

Den Teig mit der Nudelmaschine zu hauchdünnen Platten ausrollen und auf eine bemehlte Arbeitsfläche legen. Die Hälfte der Nudelplatten mit verquirltem Ei bestreichen und im Abstand von etwa 2 cm je einen Teelöffel der Füllung daraufsetzen. Die restlichen Platten darüberlegen und rund um die Füllung fest andrücken. Die Ravioli ausstechen und in reichlich siedendem Salzwasser etwa 1 Minute garen.

Die Rehfilets würzen und kurz anbraten. Die Mangoldblätter in Salzwasser blanchieren und in Eiswasser abschrecken. Abtropfen lassen und die Rehfilets damit umwickeln. Die Filets im vorgeheizten Backofen bei 180° C etwa 4 Minuten garen.

Die Rehfilets mit den Agnolotti und den Ravioli auf Tellern anrichten.

Mascarpone-Oregano-Agnolotti mit Kirschtomatensauce

Für die Füllung
1 Zweig frischer Oregano
200 g Mascarpone
Salz
Pfeffer

Für die Agnolotti
200 g Nudelteig (siehe Grundrezept Seite 64)
1 Ei
Mehl

Für die Kirschtomatensauce
10 Schalotten
1 Knoblauchzehe
1 kg Kirschtomaten
10 schwarze Oliven
2 Zweige frischer Oregano
Salz
Pfeffer
Olivenöl

Den Oregano fein hacken und mit den übrigen Zutaten für die Füllung verrühren.

Den Teig mit einer Nudelmaschine hauchdünn ausrollen und auf eine bemehlte Arbeitsfläche legen. Die Hälfte der Teigplatten mit verquirltem Ei bestreichen und im Abstand von 3 cm je einen Teelöffel der Füllung daraufsetzen. Die übrigen Nudelplatten darüberlegen und rund um die Füllung fest andrücken. Die Agnolotti rund ausstechen und in siedendem Salzwasser etwa 2 Minuten garen.

Schalotten und Knoblauch schälen, fein würfeln und in Olivenöl anschwitzen. Die Tomaten klein schneiden und hinzufügen. Zum Kochen bringen und bei schwacher Hitze zugedeckt 45 Minuten köcheln lassen. Durch ein Sieb passieren, den Oregano und die gehackten schwarzen Oliven dazugeben und mit Salz und Pfeffer abschmecken. Weitere 10 Minuten ziehen lassen.

Die Sauce vor dem Servieren über die abgetropften Agnolotti geben und mit einigen frischen Oreganoblättchen garnieren.

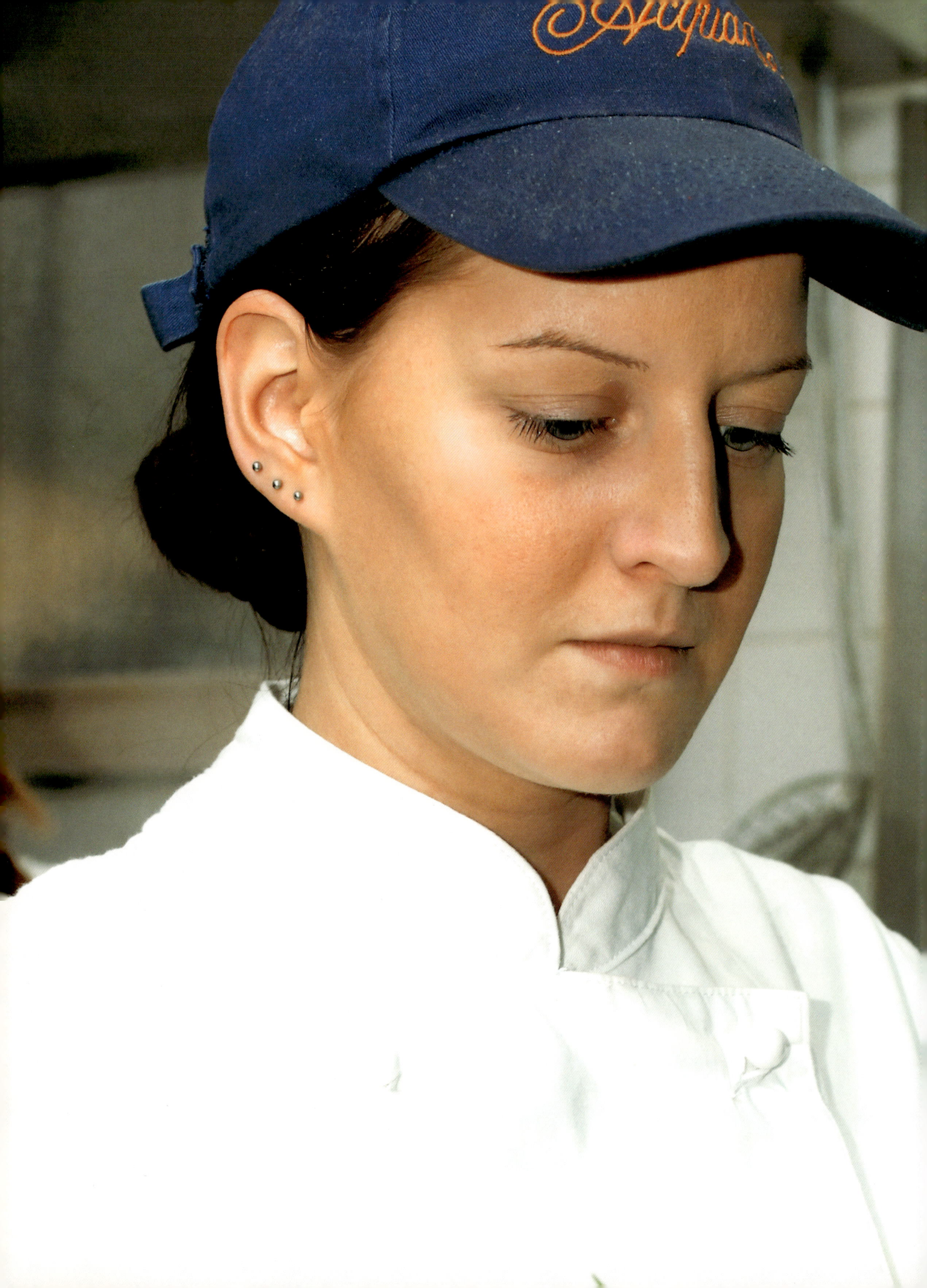

Für die Füllung

200 g frische Morcheln
50 g Butter
10 ml Sherry
50 ml Geflügelfond (siehe Grundrezept Seite 65)
50 g Ricotta
80 g Mascarpone
Salz
Pfeffer

Für die Panzerotti

250 g Nudelteig (siehe Grundrezept Seite 64)
1 Ei
Mehl

Für die Sauce

80 ml Sherry
80 ml Geflügelfond (siehe Grundrezept Seite 65)
70 ml Sahne
50 g Butter
Salz
Pfeffer

Morchelpanzerotti mit Sherrysauce

Die Morcheln putzen, klein schneiden und in Butter anschwitzen. Mit dem Sherry ablöschen und den Geflügelfond dazugeben. Die Flüssigkeit einkochen und abkühlen lassen. Dann Ricotta und Mascarpone unterrühren und würzen.

Den Teig mit der Nudelmaschine zu hauchdünnen Teigplatten ausrollen und auf eine bemehlte Arbeitsfläche legen. Die Hälfte der Nudelplatten mit verquirltem Ei bestreichen und im Abstand von 3 cm je einen Teelöffel der Füllung daraufsetzen. Die übrigen Nudelplatten darüberlegen und rund um die Füllung fest andrücken. Mit einem runden Ausstecher ausstechen und in reichlich siedendem Salzwasser 2 Minuten garen.

Den Sherry zum Kochen bringen und um die Hälfte reduzieren. Dann die übrigen Zutaten hinzugeben, aufkochen und abschmecken. Vor dem Servieren über die frisch gekochten Panzerotti gießen.

Für die Füllung
80 g Pistazienkerne
200 g Mortadella
50 g Butter
100 g Mascarpone
etwas frisch geriebener Ingwer
Salz
Pfeffer

Für die Caramelle
300 g Nudelteig (siehe Grundrezept Seite 64)
1 Ei
Salz

Für das Pistazienpesto
200 g Pistazienkerne
150 ml Olivenöl
50 g frisch geriebener Parmesan
Salz

Für die Ingwersauce
50 g frischer Ingwer
50 g Butter
150 ml Weißweinsauce (siehe Grundrezept Seite 65)

Die Pistazien hacken, die Mortadella in feine Würfel schneiden. Beides kurz in der Butter anschwitzen und abkühlen lassen. Dann mit dem Mascarpone verrühren und mit den Gewürzen abschmecken.

Den Teig mit der Nudelmaschine zu hauchdünnen Bahnen ausrollen und auf eine bemehlte Arbeitsfläche legen. Mit einem runden Ausstecher Kreise von etwa 5 cm Durchmesser ausstechen. Die eine Hälfte der Kreise mit dem verquirltem Ei bestreichen, auf die andere Seite je einen Teelöffel der Füllung geben. Die Caramelle zusammenklappen und den Rand fest andrücken. In reichlich siedendem Salzwasser etwa 2 Minuten garen.

Für das Pesti die Pistazienkerne grob hacken, zusammen mit dem Olivenöl mit einem Pürierstab fein mixen und den Parmesan unterrühren. Mit Salz abschmecken.

Den Ingwer für die Sauce fein hacken und in der Butter anschwitzen. Mit Weißweinsauce ablöschen, einmal aufkochen und etwa 30 Minuten ziehen lassen.

Die Caramelle mit dem Pesto und der Ingwersauce anrichten.

Mortadella-Caramelle mit Pistazienpesto

Für die Füllung
300 g Mozzarella

100 g Mascarpone

Salz

Pfeffer

Weißweinessig

Für die Agnolotti
200 g Nudelteig (siehe Grundrezept Seite 64)

1 Ei

Mehl

Für den Paprikaschaum
1 Schalotte

Olivenöl

1 rote Paprikaschote

250 ml Weißweinsauce (siehe Grundrezept Seite 65)

Den Mozzarella durch eine Kartoffelpresse drücken. Mit dem Mascarpone verrühren und mit Salz, Pfeffer und Essig abschmecken.

Den Teig mit der Nudelmaschine zu hauchdünnen Platten ausrollen und auf eine bemehlte Arbeitsfläche legen. Die Hälfte der Platten mit verquirltem Ei bestreichen und im Abstand von 4 cm je einen Teelöffel der Füllung daraufsetzen. Die restlichen Platten darüberlegen, rund um die Füllung fest andrücken und rund ausstechen. Die Agnolotti in reichlich siedendem Salzwasser etwa 2 Minuten kochen.

Mozzarella-Agnolotti mit Paprikaschaum

Die Schalotte schälen, fein würfeln und in Olivenöl anschwitzen. Die gewürfelte Paprikaschote dazugeben und kurz mitdünsten. Mit der Weißweinsauce ablöschen und kochen lassen, bis die Paprika weich ist. Die Sauce mixen und durch ein feines Sieb passieren. Den Paprikaschaum vor dem Servieren über die abgetropften Agnolotti geben.

Für die Füllung
80 g schwarze Oliven
Salz
Pfeffer
100 g Mascarpone

Für die Ravioli
300 g Nudelteig (siehe Grundrezept Seite 64)
1 Ei
Mehl

Für die Sauce
1 Schalotte
3 rote Paprikaschoten
250 ml Weißweinsauce (siehe Grundrezept Seite 65)
Olivenöl

Olivenravioli mit Paprikasauce

Die Oliven fein hacken und mit den restlichen Zutaten für die Füllung verrühren.

Den Teig mit der Nudelmaschine zu hauchdünnen Platten ausrollen. Die Hälfte der Teigbahnen mit verquirltem Ei bestreichen und im Abstand von etwa 4 cm je einen Löffel der Füllung daraufsetzen. Die übrigen Nudelplatten darüberlegen und rund um die Füllung fest andrücken. Mit einem Ausstecher die Ravioli ausstechen. Die Nudeln in reichlich siedendem Salzwasser etwa 2 Minuten garen.

Die Schalotte schälen, würfeln und in Olivenöl anschwitzen. Die ebenfalls geschälten und gewürfelten Paprikaschoten dazugeben, kurz mit anschwitzen und mit der Weißweinsauce ablöschen. Kochen lassen, bis die Paprikawürfel weich sind, dann die Sauce mixen und durch ein feines Sieb passieren. Zu den fertigen Ravioli reichen.

Den Fenchel in kleine Würfel scheiden und beiseite stellen. In der Zwischenzeit Orangensaft und Pernod zum Kochen bringen. Den Fenchel hinzugeben, die Flüssigkeit fast ganz einkochen lassen und die Masse kalt stellen. Dann den Ricotta und den Mascarpone unterrühren und abschmecken. Zum Schluss die Orangenfilets in kleine Stücke schneiden und untermengen.

Den Teig mit der Nudelmaschine zu hauchdünnen Teigplatten ausrollen und auf eine bemehlte Arbeitsfläche legen. Die Hälfte der Nudelplatten mit verquirltem Ei bestreichen und im Abstand von 3 cm je einen Teelöffel der Füllung daraufsetzen. Die übrigen Nudelplatten darüberlegen und rund um die Füllung fest andrücken. Mit einem runden Ausstecher ausstechen und in reichlich siedendem Salzwasser 2 Minuten garen.

Den Weißwein zusammen mit den Safranfäden erhitzen, aufkochen lassen und die Butter untermengen. Die Weißweinsauce dazugeben, nochmals aufkochen und weitere 5 Minuten ziehen lassen. Zum Anrichten über die abgetropften Panzerotti geben. Mit Fenchelkraut garniert servieren.

Orangen-Fenchel-Panzerotti mit Safransauce

Für die Füllung
100 g Fenchel
200 ml Orangensaft
30 ml Pernod
50 g Mascarpone
50 g Ricotta
8 Orangenfilets
Salz
Pfeffer

Für die Panzerotti
250 g Nudelteig (siehe Grundrezept Seite 64)
1 Ei
Mehl

Für die Safransauce
50 ml Weißwein
20 Safranfäden
50 g Butter
150 ml Weißweinsauce (siehe Grundrezept Seite 65)

Zum Garnieren
etwas Fenchelkraut

Für die Füllung

4 Eigelb

80 g geriebener Pecorino sardo

100 g geschlagene Sahne

Salz

Pfeffer

Für die Fagottini

250 g Nudelteig (siehe Grundrezept Seite 64)

1 Ei

Mehl

Für die Sauce

100 ml Geflügelfond (siehe Grundrezept Seite 65)

80 g Butter

60 g Saubohnen

50 g Pecorino am Stück

Die Eigelbe in einer Schüssel über Wasserdampf heiß aufschlagen. Den geriebenen Pecorino unterheben. Die Masse abkühlen lassen, die Sahne unterheben und mit Salz und Pfeffer abschmecken.

Den Teig mit der Nudelmaschine hauchdünn ausrollen und auf eine bemehlte Arbeitsfläche legen. Die Teigbahnen in etwa 7 cm große Quadrate schneiden und mit verquirltem Ei bestreichen. In die Mitte jedes Quadrats einen Teelöffel der Füllung setzen. Nun die gegenüberliegenden Ecken des Nudelblattes miteinander verbinden und die Fagottini vorsichtig zu Päckchen verschließen. Auf Backpapier setzen und eine Stunde kaltstellen. Dann in reichlich siedendem Salzwasser 1 Minute garen.

Den Geflügelfond aufkochen und die Butter dazugeben. Einkochen lassen, bis eine sämige Sauce entsteht. Dann die Saubohnen dazugeben und gar werden lassen. Die fertige Sauce über die Fagottini gießen und den Pecorino darüberhobeln.

Pecorino-Fagottini mit Saubohnen

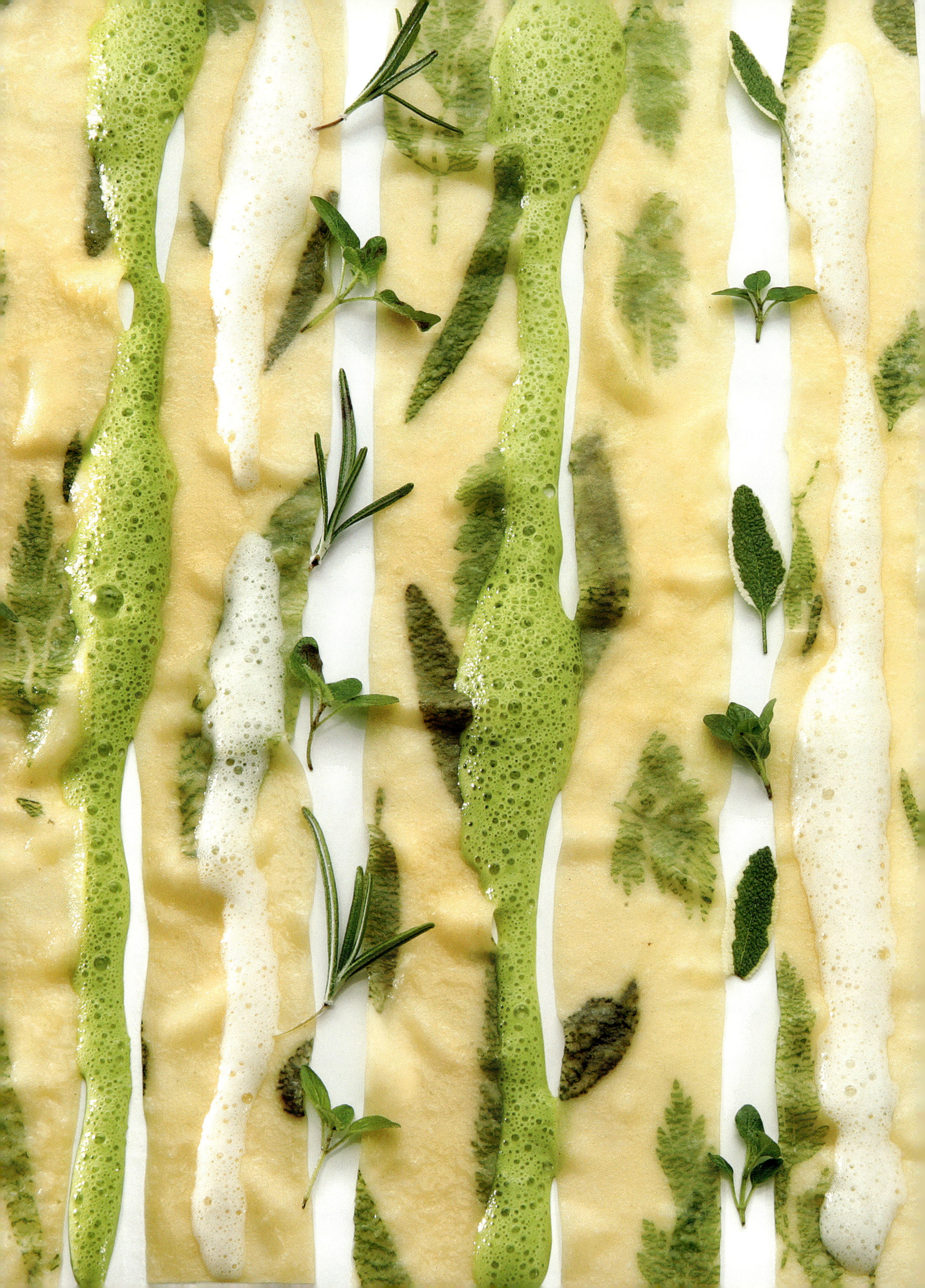

Für die Piccagge

Salbei

Kerbel

Estragon

Thymian

Oregano

Rosmarin

300 g Nudelteig (siehe Grundrezept Seite 64)

Für die Kräutersauce

Stängel der Piccagge-Kräuter

50 g Butter

200 ml Weißweinsauce (siehe Grundrezept Seite 65)

50 g Petersilie

Piccagge alle Erbe

Von allen Kräutern die Blätter abzupfen. Die Blätter zwischen zwei Lagen Frischhaltefolie legen und fest mit der Teigrolle darüberrollen, um die Blattstruktur zu brechen.

Den Teig mit der Nudelmaschine hauchdünn ausrollen. Die Hälfte der Nudelplatten mit den Kräutern belegen. Mit den übrigen Nudelplatten abdecken und fest andrücken. Die beiden Teigschichten nochmals mit der Nudelmaschine dünn ausrollen und in etwa 1 cm breite, möglichst lange Nudeln schneiden. In reichlich siedendem Salzwasser al dente kochen.

Die Stängel der Kräuter in Butter anschwitzen. Mit der Weißweinsauce ablöschen und einmal aufkochen lassen. Weitere 10 Minuten ziehen lassen, dann durch ein Sieb geben. Jetzt die Petersilie hinzufügen und mixen.

Die Sauce vor dem Servieren über die abgetropften Piccagge geben und mit einigen frischen Kräuterblättchen garnieren.

Pilzagnolotti mit eigener Sauce

Für die Füllung
250 g gemischte Pilze
80 g Butter
90 g Mascarpone
70 g Ricotta
Salz
Pfeffer

Für die Sauce
100 g gemischte Pilze
50 g Butter
100 ml Weißweinsauce (siehe Grundrezept Seite 65)
Salz
Pfeffer

Für die Agnolotti
200 g Nudelteig (siehe Grundrezept Seite 64)
1 Ei
Mehl

Die Pilze klein schneiden und in der Butter anbraten. Salzen, pfeffern und abkühlen lassen. Die abgekühlten Pilze mit Ricotta und Mascarpone verrühren und nochmals abschmecken.

Den Teig mit der Nudelmaschine zu hauchdünnen Platten ausrollen und auf eine bemehlte Arbeitsfläche legen. Die Hälfte der Nudelplatten mit verquirltem Ei bestreichen und im Abstand von etwa 3 cm je einen Teelöffel der Füllung daraufsetzen. Die restlichen Teigplatten darüberlegen und rund um die Füllung fest andrücken. Mit einem runden Ausstecher die Agnolotti ausstechen. Die Nudeln in siedendem Salzwasser etwa 2 Minuten kochen.

Die Pilze klein schneiden und in der Butter anschwitzen. Mit der Weißweinsauce ablöschen und einmal aufkochen lassen. Die Sauce etwa 10 Minuten ziehen lassen und durch ein feines Sieb passieren. Über die abgetropften Agnolotti geben.

Die Quitten schälen und in feine Würfel schneiden. In der Butter anschwitzen und das Wasser dazugeben. Die Quitten weich kochen, mit Salz, Pfeffer und Zitronensaft würzen und abkühlen lassen. Ricotta und Mascarpone unterrühren.

Den Teig mit der Nudelmaschine zu hauchdünnen Platten ausrollen. Die Hälfte der Teigbahnen mit verquirltem Ei bestreichen und im Abstand von etwa 4 cm je einen Löffel der Füllung daraufsetzen. Die übrigen Nudelplatten darüberlegen und rund um die Füllung fest andrücken. Mit einem Ausstecher die Ravioli ausstechen. Die Nudeln in reichlich siedendem Salzwasser etwa 2 Minuten garen.

Die Leber würzen und in Mehl wenden. Das Öl in einer Pfanne erhitzen und die Leber darin braten.

Die Sauce aufkochen lassen und mit einem Mixer aufschäumen.

Leber und Ravioli auf Tellern anrichten und die Sauce getrennt dazu reichen.

Quittenravioli mit gebratener Geflügelleber

Für die Füllung
2 Quitten
60 g Butter
80 ml Wasser
50 g Mascarpone
50 g Ricotta
Salz
Pfeffer
Zitronensaft

Für die Ravioli
250 g Nudelteig (siehe Grundrezept Seite 64)
1 Ei
Mehl

Für die Leber
300 g Geflügelleber
Salz
Pfeffer
Mehl
Öl zum Braten
150 ml Weißweinsauce (siehe Grundrezept Seite 65)

Für die Füllung	**Für die Ravioli**
2 rote Paprikaschoten	200 g Nudelteig (siehe Grundrezept Seite 64)
2 gelbe Paprikaschoten	1 Ei
1 Zucchini	Mehl
1 Aubergine	
Thymian	**Für das Pesto**
Rosmarin	1 Topf Basilikum
Olivenöl	30 g geriebener Parmesan
Salz	15 g geröstete Pinienkerne
Pfeffer	Salz
	60 ml Olivenöl

Ravioli Acquarello

Das Gemüse in feine Würfel schneiden. Portionsweise zusammen mit den Kräutern in Olivenöl anschwitzen und abschmecken.

Den Teig mit der Nudelmaschine zu hauchdünnen Platten ausrollen und auf eine bemehlte Arbeitsfläche legen. Aus den Platten 5 cm x 15 cm große Rechtecke schneiden. Die eine Hälfte der Rechtecke mit verquirltem Ei bestreichen und je zwei Teelöffel von der Füllung daraufsetzen. Die andere Hälfte darüberklappen und rund um die Füllung fest andrücken. In reichlich siedendem Salzwasser etwa 2 Minuten kochen.

Alle Zutaten für das Pesto mit einem Pürierstab mixen.

Für die Paprikacreme die Paprikaschoten schälen, entkernen, würfeln und in Olivenöl anschwitzen, ohne dass sie Farbe annehmen. Kräuter und Knoblauch dazugeben, würzen und mit dem Fond aufgießen. So lange kochen lassen, bis die Paprikaschoten weich sind. Mit Salz und Pfeffer abschmecken, mit einem Pürierstab mixen und durch ein feines Sieb passieren.

Für das Auberginenpüree die Auberginen schälen, würfeln, mit Salz und Pfeffer würzen und mit Zitronensaft beträufeln. In reichlich Olivenöl anbraten, ohne dass sie Farbe annehmen. Thymian und Knoblauch dazugeben und kurz mit anschwitzen, danach alles auf ein Blech geben und im vorgeheizten Backofen bei 180° C etwa 15 Minuten garen. Anschließend mixen und durch ein feines Sieb passieren.

Die abgetropften Ravioli auf Tellern anrichten und die drei Saucen dazu reichen.

Für die Paprikacreme	Für das Auberginenpüree
2 rote Paprikaschoten	2 Auberginen
Olivenöl	1 Zitrone
Rosmarin	Salz
Thymian	Pfeffer
Knoblauch	Olivenöl
100 ml Geflügelfond	Knoblauch
Salz	Thymian
Pfeffer	

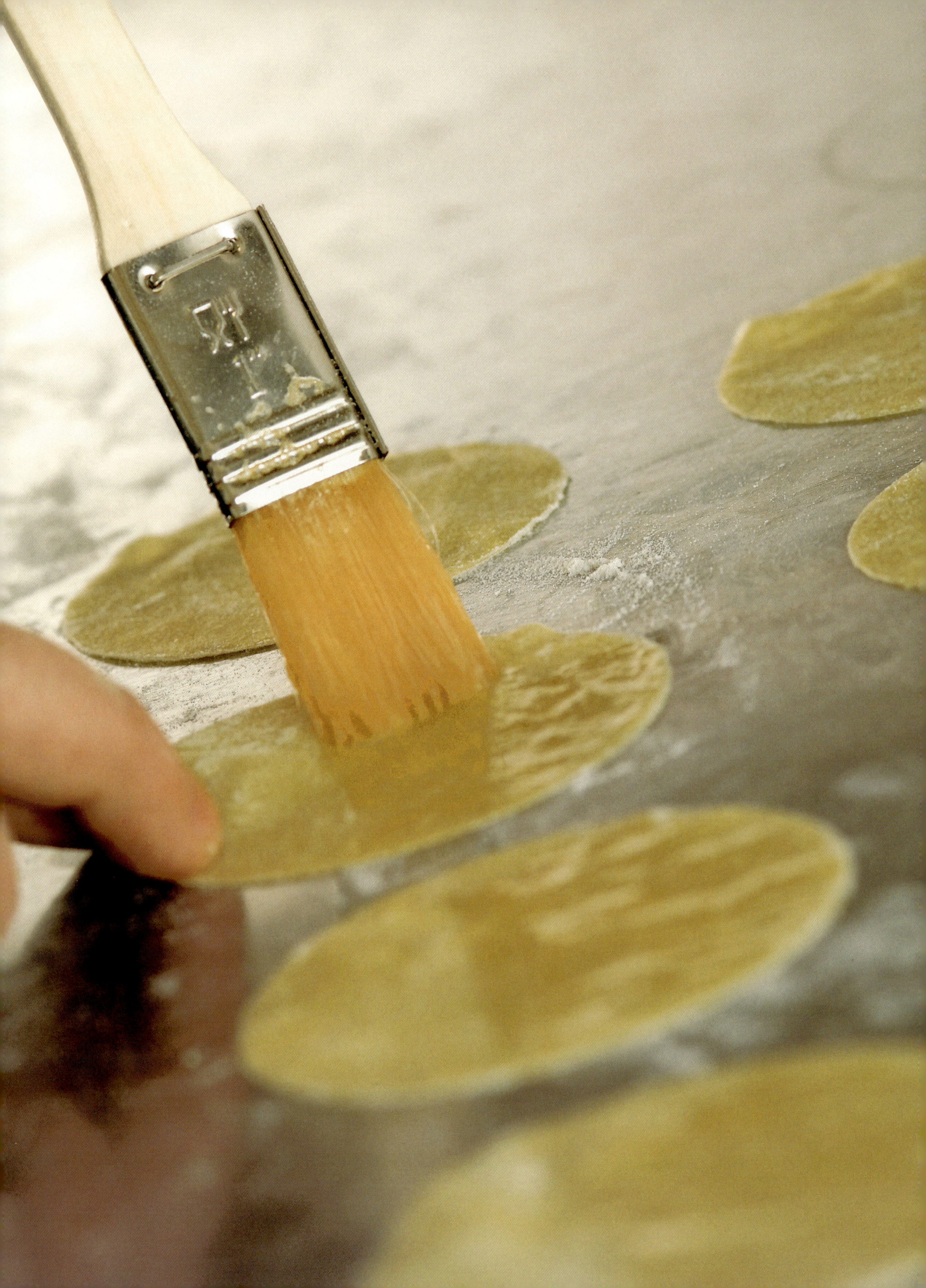

Für die Füllung
100 g Ziegenfrischkäse
80 g Mascarpone
Salz
Pfeffer

Für die Ravioli
250 g Nudelteig (siehe Grundrezept Seite 64)
1 Ei
Mehl

Für die Balsamicoreduktion
400 ml Balsamicoessig
150 ml roter Traubensaft
1 EL Honig

Ravioli mit Ziegenfrischkäse und Balsamico

Alle Zutaten für die Füllung verrühren und abschmecken.

Den Teig mit der Nudelmaschine zu hauchdünnen Platten ausrollen. Die Hälfte der Teigbahnen mit verquirltem Ei bestreichen und im Abstand von etwa 4 cm je einen Löffel der Füllung daraufsetzen. Die übrigen Nudelplatten darüberlegen und rund um die Füllung fest andrücken. Mit einem Ausstecher die Ravioli ausstechen. Die Nudeln in reichlich siedendem Salzwasser etwa 2 Minuten garen.

Für die Balsamicoreduktion alle Zutaten in einen Topf geben und einkochen lassen, bis die Flüssigkeit dickflüssig ist.

Die Sauce vor dem Servieren über die abgetropften Ravioli geben.

Rote-Bete-Agnolotti mit Mohnbutter

Für die Füllung
300 g gekochte Rote Bete
150 g Ricotta
50 g Mascarpone
Salz
Pfeffer
Himbeeressig

Für die Agnolotti
200 g Nudelteig (siehe Grundrezept Seite 64)
1 Ei
Salz

Für die Mohnbutter
50 g gemahlener Blaumohn
100 g Butter
100 ml Geflügelfond (siehe Grundrezept Seite 65)

Zum Anrichten
100 ml Weißweinsauce

Die gekochte Rote Bete fein mixen und durch ein Sieb passieren. Mit Ricotta und Mascarpone verrühren und mit den übrigen Zutaten abschmecken.

Den Teig mit der Nudelmaschine zu hauchdünnen Bahnen ausrollen und auf eine bemehlte Arbeitsfläche legen. Die Hälfte der Nudelplatten mit verquirltem Ei bestreichen. Im Abstand von 4 cm je einen Teelöffel der Füllung daraufsetzen und mit den übrigen Nudelplatten abdecken. Den Teig rund um die Füllung fest andrücken und mit einem runden Ausstecher Agnolotti ausstechen. Die Agnolotti in reichlich siedendem Salzwasser etwa 1 Minute garen.

Den Mohn in der Butter anschwitzen und mit dem Geflügelfond aufgießen. Einkochen lassen, bis der Fond cremig wird.

Zum Anrichten die Mohnbutter über die abgetropften Ravioli geben und mit Weißweinsauce servieren.

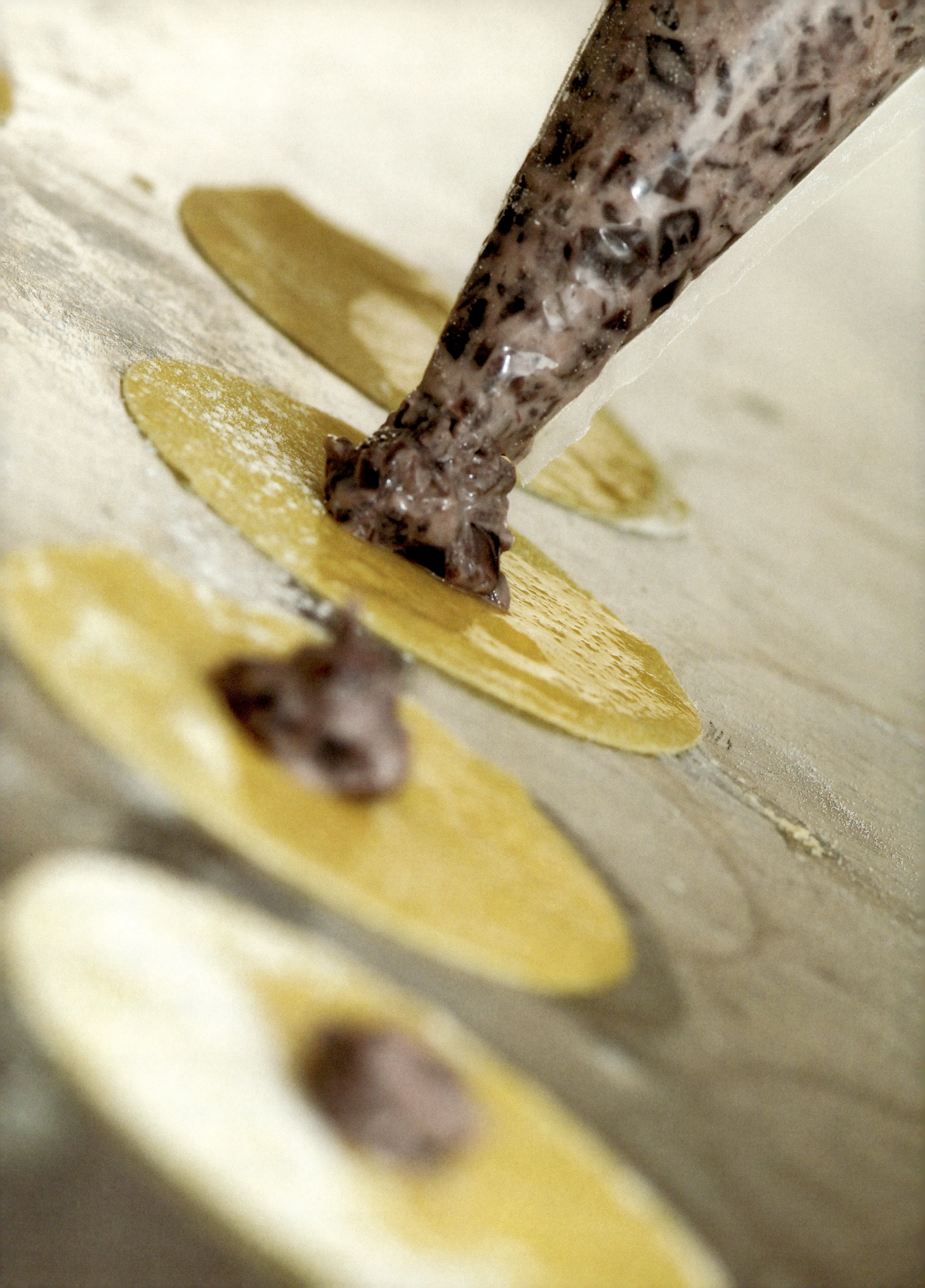

Für die Füllung
12 Schalotten
80 g Butter
1 Lorbeerblatt
250 ml Portwein
250 ml Rotwein
Salz
Pfeffer
150 g Mascarpone

Für die Agnolotti
250 g Nudelteig (siehe Grundrezept Seite 64)
1 Ei
Mehl

Für die Pfeffersauce
20 weiße Pfefferkörner
80 g Butter
150 ml Weißweinsauce (siehe Grundrezept Seite 65)

Die Schalotten schälen, fein würfeln und in Butter anschwitzen. Lorbeerblatt, Salz und Pfeffer hinzugeben und mit etwas Wein ablöschen. Den Wein fast vollständig einkochen lassen und wieder ablöschen. So fortfahren, bis die Schalotten weich sind. Abkühlen lassen und den Mascarpone unterheben. Eventuell nochmals abschmecken.

Den Teig mit der Nudelmaschine zu hauchdünnen Platten ausrollen und auf eine bemehlte Arbeitsfläche legen. Die Hälfte der Nudelplatten mit verquirltem Ei bestreichen und im Abstand von etwa 3 cm je einen Teelöffel der Füllung daraufsetzen. Die restlichen Teigplatten darüberlegen und rund um die Füllung fest andrücken. Mit einem runden Ausstecher die Agnolotti ausstechen. Die Nudeln in siedendem Salzwasser etwa 2 Minuten kochen.

Die Pfefferkörner in der Butter anschwitzen und mit der Weißweinsauce ablöschen. Einmal aufkochen und weitere etwa 10 Minuten ziehen lassen. Dann durch ein feines Sieb geben. Die Sauce kurz vor dem Servieren über die abgetropften Agnolotti geben.

Rotweinschalotten-Agnolotti mit Pfefferschaum

Die Safranfäden zusammen mit dem Weißwein in einen Topf geben, zum Kochen bringen und etwa 5 Minuten ziehen lassen. Abkühlen lassen, mit den anderen Zutaten zu einer glatten Masse verrühren und abschmecken.

Den Teig mit der Nudelmaschine zu hauchdünnen Platten ausrollen und auf eine bemehlte Arbeitsfläche legen. Aus den Platten etwa 8 cm große Quadrate schneiden. Je 3 Esslöffel der Füllung daraufgeben und zu Anelli rollen.

Safran-Ricotta-Anelli mit pochierten Wachteleiern

Die Anelli zuerst in Frischhaltefolie und dann in Alufolie einwickeln und in Salzwasser etwa 10 Minuten pochieren.

Den Speck in einer Pfanne anbraten und mit der Weißweinsauce ablöschen. Sahne und Butter dazugeben und mit Salz und Pfeffer abschmecken.

Die Wachteleier einzeln von der Schale trennen und in eine Tasse gleiten lassen. Die Wachteleier in siedendem Salzwasser mit Himbeeressig etwa 1 Minute pochieren.

Die pochierten Wachteleier mit den Anelli anrichten und mit der Sauce nappieren.

Für die Füllung

20 Safranfäden

100 ml Weißwein

400 g Ricotta

50 g Mascarpone

4 Eigelb

Salz

Pfeffer

Für die Anelli

200 g Nudelteig (siehe Grundrezept Seite 64)

Mehl

Für die Sauce

100 g durchwachsener Speck

100 ml Weißweinsauce (siehe Grundrezept Seite 65)

100 ml Sahne

50 g Butter

Salz

Pfeffer

Für die pochierten Wachteleier

8 Wachteleier

Himbeeressig

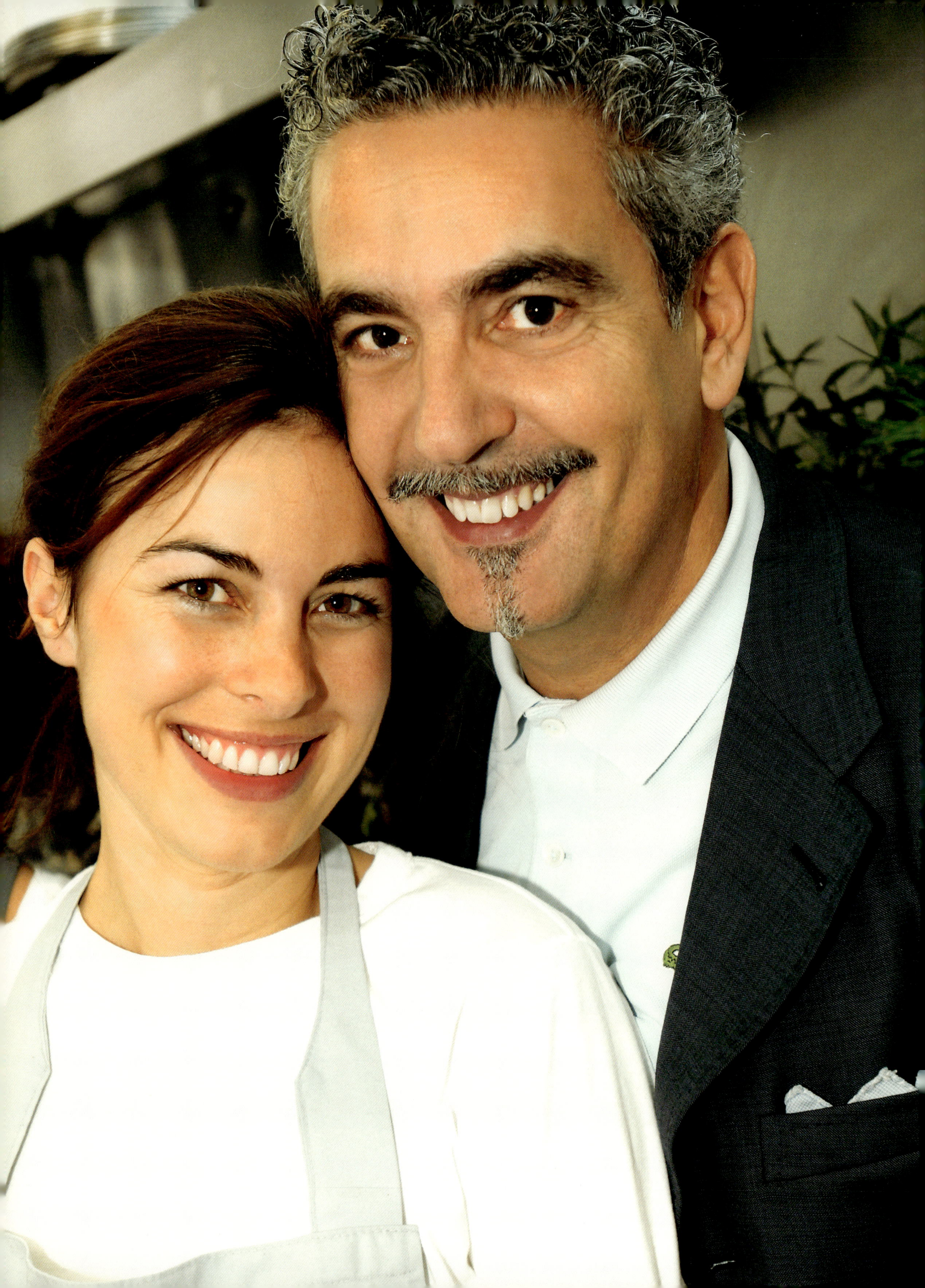

Schwarze Triangoli mit Lachs und Zitronensauce

Für die Füllung
200 g Lachsfilet
50 g Butter
Salz
Pfeffer

Für die Triangoli
200 g Nudelteig (siehe Grundrezept Seite 64)
5 g Sepiafarbe
1 Ei
Mehl

Für die Zitronensauce
50 g Butter
abgeriebene Schale von 2 Zitronen
150 ml Weißweinsauce (siehe Grundrezept Seite 65)

Das Lachsfilet in ganz feine Würfel schneiden und würzen. Die Butter in einer Pfanne erhitzen, den Lachs kurz anbraten und beiseite stellen.

Den Nudelteig mit der Sepiafarbe und etwas Mehl verkneten. Mit der Nudelmaschine zu hauchdünnen Platten ausrollen und auf eine bemehlte Arbeitsfläche legen. Die Hälfte der Nudelplatten mit verquirltem Ei bestreichen und im Abstand von 6 cm je einen Teelöffel der Füllung daraufsetzen. Die übrigen Teigplatten darüberlegen und rund um die Füllung fest andrücken. Die Triangoli dreieckig ausschneiden und in siedendem Salzwasser 2 Minuten kochen.

Die Zitronenschale in der Butter anschwitzen und mit der Weißweinsauce ablöschen. Einmal aufkochen und 5 Minuten ziehen lassen.

Die abgetropften Triangoli mit der Zitronensauce anrichten.

Für die Füllung
80 g Staudensellerie
50 g Butter
150 g Seeteufelfilet
50 g Ricotta
Salz
Pfeffer

Für die Capelletti
250 g Nudelteig (siehe Grundrezept Seite 64)
5 g Sepiafarbe
1 Ei
Mehl

Für die Safransauce
50 ml Weißwein
20 Safranfäden
50 g Butter
150 ml Weißweinsauce (siehe Grundrezept Seite 65)

Zum Dekorieren
einige Blätter essbares Blattsilber

Seeteufelcapelletti mit Safransauce auf Blattsilber

Den Staudensellerie schälen, in kleine Würfel schneiden und in der Butter anschwitzen. Den Seeteufel ebenfalls in kleine Würfel schneiden und zu dem Sellerie geben. Mit Salz und Pfeffer würzen und etwa 3 Minuten garen lassen. Etwas abkühlen lassen, den Ricotta unterrühren und abschmecken.

Den Nudelteig mit der Sepiafarbe und etwas Mehl verkneten. Mit der Nudelmaschine zu hauchdünnen Teigplatten ausrollen und auf eine bemehlte Arbeitsfläche legen. Aus den Teigplatten etwa 5 cm große Quadrate schneiden, die äußeren Ränder mit Ei bestreichen und in die Mitte jedes Quadrats je einen Teelöffel der Füllung setzen. Diagonal zusammenklappen und rund um die Füllung fest andrücken. Die Dreiecke zu Capelletti formen und in reichlich siedendem Salzwasser vorsichtig 2 Minuten garen.

Den Weißwein zusammen mit den Safranfäden erhitzen, aufkochen lassen und die Butter einrühren. Die Weißweinsauce dazugeben, nochmals aufkochen und weitere 5 Minuten ziehen lassen.

Die abgetropften Capelletti auf dem Blattsilber anrichten und mit der Sauce dekorieren.

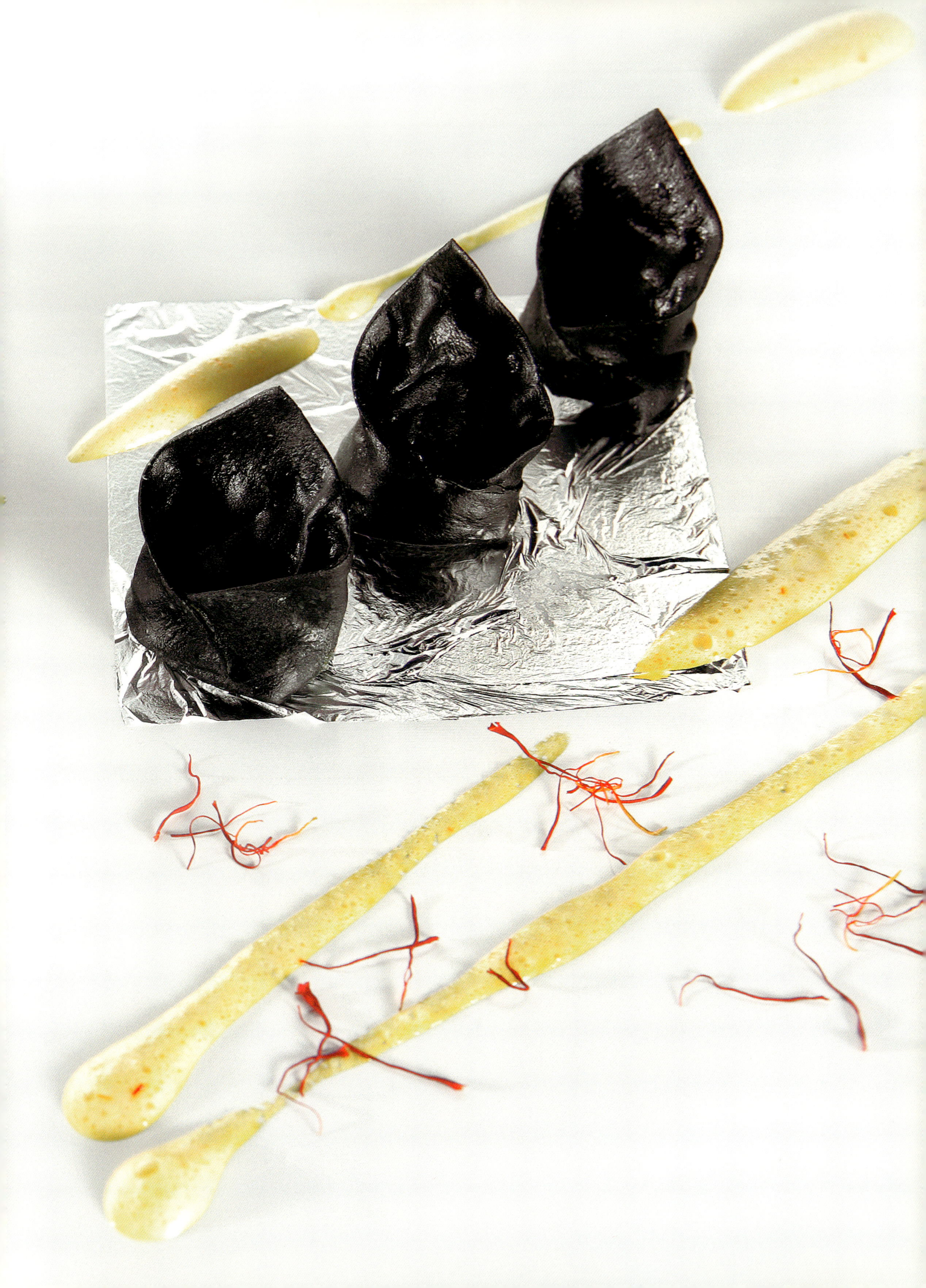

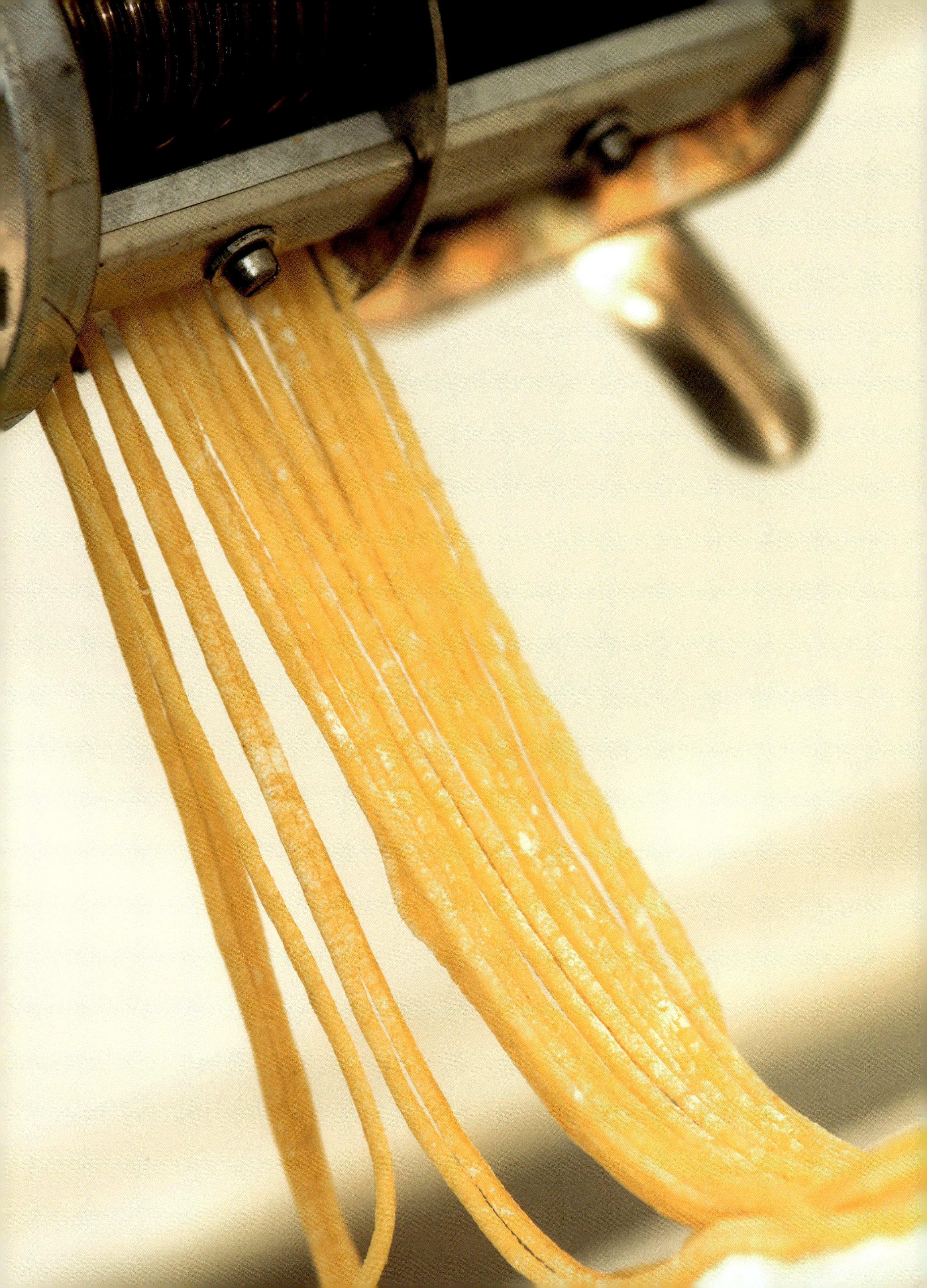

300 g Spaghetti (Fertigprodukt)	80 g Butter
20 g Staudensellerie, gewürfelt	Salz
10 g Kapern	Pfeffer
5 g Sardellen, gehackt	Basilikum
10 g schwarze Oliven, gewürfelt	Petersilie
10 Kirschtomaten, halbiert	abgeriebene Schale von 1 Zitrone
20 ml Sherry	8 halbierte Jakobsmuscheln
80 ml Geflügelfond (siehe Grundrezept Seite 65)	8 halbierte Gambas
	Olivenöl

Spaghetti Acquarello

Die Spaghetti nach Packungsanleitung al dente kochen.

In der Zwischenzeit den Staudensellerie in Olivenöl anschwitzen. Kapern, Sardellen, Oliven und Kirschtomaten dazugeben und kurz mit anschwitzen. Mit dem Sherry ablöschen, dann den Geflügelfond und die Butter dazugeben und mit Salz und Pfeffer würzen. Dann Basilikum, Petersilie und Zitronenschale hinzugeben. Dabei etwas Basilikum und Petersilie beiseite stellen.

Die Jakobsmuscheln und Gambas salzen und pfeffern. In heißem Olivenöl kurz anbraten und in den Fond geben.

Die Jakobsmuscheln und die Gambas mit den Spaghetti auf Tellern anrichten und mit dem restlichen Basilikum und der Petersilie garnieren.

Für die Füllung

250 g Steinpilze, geputzt
80 g Butter
50 g Mascarpone
50 g Ricotta
Salz
Pfeffer

Für die Agnolotti

200 g Nudelteig (siehe Grundrezept Seite 64)
1 Ei
Mehl

Für die Rucolabutter

100 ml Geflügelfond (siehe Grundrezept Seite 65)
80 g Butter
1 Bund Rucola

Steinpilzagnolotti mit Rucolabutter

Die Steinpilze klein schneiden und in der Butter anbraten. Salzen, pfeffern und abkühlen lassen. Die abgekühlten Pilze mit Mascarpone und Ricotta verrühren und nochmals abschmecken.

Den Teig mit der Nudelmaschine zu hauchdünnen Platten ausrollen und auf eine bemehlte Arbeitsfläche legen. Die Hälfte der Nudelplatten mit verquirltem Ei bestreichen und im Abstand von 3 cm je einen Teelöffel der Füllung daraufsetzen. Die übrigen Teigplatten darüberlegen, rund um die Füllung fest andrücken und rund ausstechen. Die Agnolotti in reichlich siedendem Salzwasser etwa 2 Minuten kochen.

Den Geflügelfond aufkochen und die Butter dazugeben. Einige Rucolablätter beiseite legen, den Rest fein hacken und unter den Butterfond rühren.

Die Rucolabutter über die abgetropften Agnolotti geben und mit einigen frischen Rucolablättern garnieren.

Tagliolini mit weißem Trüffel

Für die Trüffelsauce die Weißweinsauce aufkochen und mit den übrigen Zutaten abschmecken.

Die Tagliolini nach Packungsanleitung al dente kochen.

Den Geflügelfond zusammen mit der Butter aufkochen und die fertigen Tagliolini darin schwenken. Den Trüffel über die Pasta hobeln. Die Trüffelsauce dazu reichen.

Für die Trüffelsauce

150 ml Weißweinsauce (siehe Grundrezept Seite 65)
50 g Trüffelbutter
1 TL Trüffelöl

Für die Nudeln

360 g Tagliolini (Fertigprodukt)
100 ml Geflügelfond (siehe Grundrezept Seite 65)
80 g Butter
1 kleiner weißer Trüffel

Für die Füllung
200 g getrocknete, in Öl eingelegte Tomaten
250 g Mascarpone
Salz
Pfeffer

Für die Panzerotti
250 g Nudelteig (siehe Grundrezept Seite 64)
1 Ei
Mehl

Für die Basilikumsauce
50 g frisches Basilikum
50 g Butter
50 ml Weißwein
150 ml Weißweinsauce (siehe Grundrezept Seite 65)

Tomatenpanzerotti mit Basilikumsauce

Die Tomaten fein hacken, mit dem Mascarpone verrühren und mit Salz und Pfeffer abschmecken.

Den Teig mit der Nudelmaschine zu hauchdünnen Platten ausrollen und auf eine bemehlte Arbeitsfläche legen. Die Hälfte der Nudelplatten mit verquirltem Ei bestreichen und im Abstand von etwa 4 cm je einen Löffel der Füllung daraufsetzen. Die übrigen Nudelplatten darüberlegen und rund um die Füllung fest andrücken. Die Panzerotti mit einem Messer quadratisch ausschneiden und in siedendem Salzwasser etwa 2 Minuten kochen.

Das Basilikum in der Butter anschwitzen. Mit dem Weißwein ablöschen und fast vollständig einkochen lassen. Dann die Weißweinsauce aufgießen und das Ganze etwa 10 Minuten ziehen lassen.

Die Basilikumsauce vor dem Servieren über die abgetropften Panzerotti geben und alles mit einigen frischen Basilikumblättchen garnieren.

Triangoli mit Rucola und Parmesanbutter

Für die Füllung
1 Bund Rucola
150 g Mascarpone
50 g Nussbutter
Salz
Pfeffer

Für die Triangoli
200 g Nudelteig (siehe Grundrezept Seite 64)
5 g Sepiafarbe
1 Ei
Mehl

Für die Parmesanbutter
60 ml Geflügelfond (siehe Grundrezept Seite 65)
80 g Butter
80 g frisch geriebener Parmesan

Den Rucola fein hacken und mit dem Mascarpone verrühren. Die Masse mit den übrigen Zutaten abschmecken.

Den Nudelteig mit der Sepiafarbe und etwas Mehl verkneten. Mit der Nudelmaschine zu hauchdünnen Platten ausrollen und auf eine bemehlte Arbeitfläche legen. Die Hälfte der Nudelplatten mit verquirltem Ei bestreichen und im Abstand von 6 cm je einen Teelöffel der Füllung daraufsetzen. Die übrigen Teigplatten darüberlegen und rund um die Füllung fest andrücken.

Die Triangoli dreieckig ausschneiden und in siedendem Salzwasser 2 Minuten kochen.

Den Geflügelfond aufkochen und die Butter einrühren. Den Fond über die Triangoli geben und mit dem Parmesan bestreut servieren.

Für die Füllung
50 g Walnüsse
30 g Butter
150 g Mascarpone
Salz
Pfeffer

Für die Ravioli
250 g Nudelteig (siehe Grundrezept Seite 64)
1 Ei
Salz

Zum Servieren
1 Radicchio
frisch geriebener Parmesan

Die Walnüsse fein hacken und kurz in der Butter anschwitzen. Mit dem Mascarpone verrühren und mit Salz und Pfeffer abschmecken.

Den Teig mit der Nudelmaschine zu hauchdünnen Platten ausrollen und auf eine bemehlte Arbeitsfläche geben. Die Hälfte der Nudelplatten mit verquirltem Ei bestreichen und im Abstand von etwa 3 cm je einen Teelöffel der Füllung daraufsetzen. Die restlichen Nudelplatten darüberlegen und rund um die Füllung fest andrücken. Mit einem Ravioliausstecher ausstechen und in reichlich siedendem Salzwasser etwa 1 Minute kochen.

Den Radicchio in feine Streifen schneiden, in die Mitte der Teller setzen und die Ravioli darum setzen. Mit frisch geriebenem Parmesan anrichten.

Walnussravioli

Für die Füllung
50 g Ricotta
100 g Mascarpone
1 unbehandelte Zitrone
Salz
Pfeffer

Für die Agnolotti
200 g Nudelteig (siehe Grundrezept Seite 64)
1 Ei
Mehl

Für die Zitronensauce
50 g Butter
1 unbehandelte Zitrone
150 ml Weißweinsauce (siehe Grundrezept Seite 65)
Salz
Pfeffer

Für die Jakobsmuscheln
4 Jakobsmuscheln
Salz
roter Pfeffer
Olivenöl
Zitronenschale

Zitronen-Mascarpone-Agnolotti mit Jakobsmuscheln

Den Ricotta und Mascarpone mit der Schale und dem Saft von 1 Zitrone verrühren und abschmecken.

Den Teig mit der Nudelmaschine zu hauchdünnen Platten ausrollen und auf eine bemehlte Arbeitsfläche legen. Die Hälfte der Nudelplatten mit verquirltem Ei bestreichen und im Abstand von etwa 4 cm je einen Löffel der Füllung daraufgeben. Die restlichen Teigplatten darüberlegen, rund um die Füllung fest andrücken und rund ausstechen. Die Agnolotti in reichlich siedendem Salzwasser etwa 3 Minuten garen.

Für die Zitronensauce die Zitronenschale in der Butter anschwitzen und mit dem Saft aufgießen, die Weißweinsauce dazugeben, mit Salz und Pfeffer abschmecken und einmal aufkochen lassen.

Die Jakobsmuscheln salzen und kurz in Olivenöl anbraten. Mit Zitronenschale und rotem Pfeffer würzen und etwa 4 Minuten im auf 180 °C vorgeheizten Backofen glasig garen.

Die Agnolotti und die Jakobsmuscheln dekorativ auf Tellern arrangieren und mit der Sauce anrichten.

Die Kartoffeln waschen, auf ein Backblech legen und im auf 200 °C vorgeheizten Backofen etwa 90 Minuten garen. Die garen Kartoffeln schälen und durch die Kartoffelpresse drücken. Das Püree mit den übrigen Zutaten zu einem elastischen Teig verarbeiten.

Den Teig in etwa 2 cm dicke Rollen formen und diese in 1 cm lange Gnocchi schneiden. Die Gnocchi in reichlich siedendem Salzwasser etwa 4 Minuten kochen.

Den Schnittlauch sehr fein schneiden. Die Weißweinsauce aufkochen und mit einem Mixer aufschäumen.

Den Schaum abnehmen, die Sauce mit dem Schnittlauch und dem Kaviar verrühren und über die Gnocchi geben.

Kartoffelgnocchi mit Schnittlauch-Kaviarsauce

Für die Gnocchi

400 g Kartoffeln

1 Ei

1 Eigelb

30 g frisch geriebener Parmesan

100 g Mehl

Salz

Pfeffer

Muskatnuss

Für die Sauce

1 Bund Schnittlauch

150 ml Weißweinsauce (siehe Grundrezept Seite 65)

40 g Kaviar

Für die Füllung

1 Mango
50 g Butter
1 Chilischote, gehackt
50 g Ricotta
50 g Mascarpone
Salz
Pfeffer
weißer Balsamicoessig

Für die Tortelli

250 g Nudelteig (siehe Grundrezept Seite 64)
1 Ei
Mehl

Für das Ragout

1 Mango
8 Gambas
Salz
Pfeffer
Olivenöl
50 g Butter

Für die Sauce

100 ml Weißweinsauce
(siehe Grundrezept Seite 65)

Mangotortelli mit Gambasragout

Die Mango schälen und in feine Würfel schneiden. Die Mangowürfel in der Butter anschwitzen, Chili dazugeben und abkühlen lassen. Ricotta und Mascarpone unterrühren. Mit Salz, Pfeffer und weißem Balsamico abschmecken.

Den Teig mit der Nudelmaschine zu hauchdünnen Platten ausrollen und auf eine bemehlte Arbeitsfläche legen. Daraus Teigkreise mit einem Durchmesser von 5 cm ausstechen. Jeweils eine Hälfte jedes Teigkreises mit Ei bestreichen und je einen Löffel der Füllung in die Mitte setzen. Die Kreise über der Füllung zusammenklappen und zu Tortelli formen. Die Tortelli in reichlich siedendem Salzwasser etwa 2 Minuten garen.

Die Mango schälen und in feine Würfel schneiden. Die Gambas halbieren, mit Salz und Pfeffer würzen und in Olivenöl anbraten. Zum Schluss die Mangowürfel und die Butter dazugeben.

Die Sauce aufkochen und mit einem Mixer aufschäumen.

Die Mangotortelli mit dem Gambasragout dekorieren und mit der Sauce anrichten.

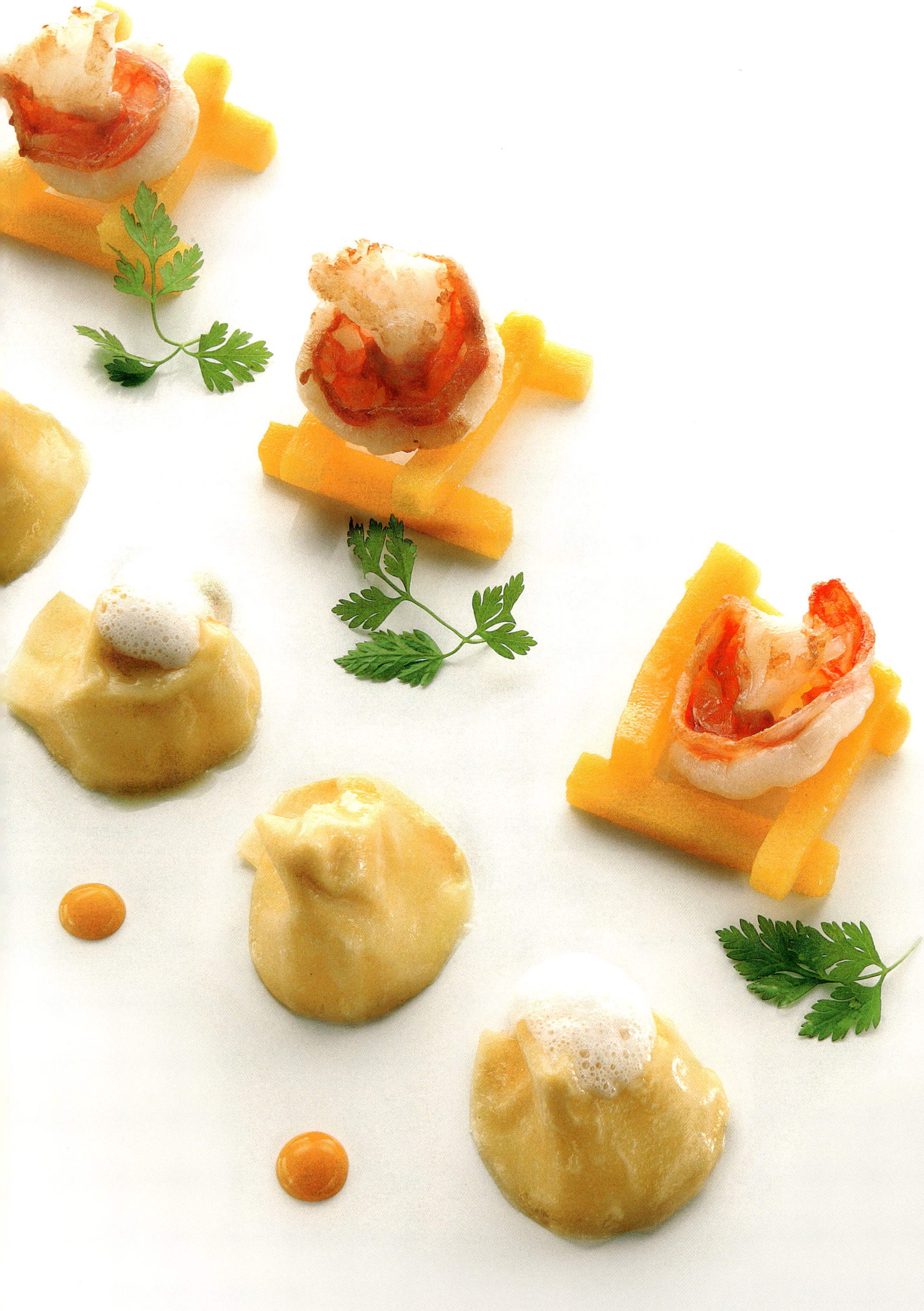

Raviolo Aperto mit Gambas und kleinem Gemüse

Für die Raviolo Aperto
150 g Nudelteig (siehe Grundrezept Seite 64)
einige frische Kräuter
Mehl

Für die Füllung
8 Riesengarnelen
kleines Gemüse (Fingerkarotten, Saubohnen, Babyzucchini etc.)
Salz
Pfeffer
80 g Butter
100 ml Geflügelfond (siehe Grundrezept Seite 65)

Für die Karottensauce
2 Schalotten
80 g Butter
150 g Karotten
100 ml Geflügelfond (siehe Grundrezept Seite 65)
Estragon
200 ml Weißweinsauce (siehe Grundrezept Seite 65)
Salz
Pfeffer

Den Teig mit der Nudelmaschine zu hauchdünnen Platten rollen und auf eine bemehlte Arbeitsfläche legen, die Hälfte der Platten mit den Kräuterblättern belegen. Die restlichen Nudelplatten darüberlegen und fest andrücken. Die Teigplatten noch einmal durch die Nudelmaschine rollen und rund ausstechen. In siedendem Salzwasser etwa 1 Minute kochen.

Die Riesengarnelen putzen, halbieren und vom Darm befreien. Das Gemüse in Salzwasser vorkochen, dann in Butter und Geflügelfond schwenken und mit Salz und Pfeffer abschmecken. Die Riesengarnelen mit Salz und Pfeffer würzen und in Öl braten.

Für die Karottensauce die Schalotten fein würfeln und in der Butter anschwitzen, die klein geschnittenen Karotten dazugeben, den Geflügelfond aufgießen und weich garen. Estragon und Weißweinsauce dazugeben, alles fein mixen, salzen, pfeffern und durch ein feines Sieb passieren.

Die Raviolo Aperto mit der Sauce anrichten.

Für die Füllung
150 g Petersilie
100 g Ricotta
50 g Nussbutter
Salz
Pfeffer

Für die Ravioli
250 g Nudelteig (siehe Grundrezept Seite 64)
1 Ei
Mehl

Für die Sauce
1 kleiner schwarzer Trüffel
50 g Butter
150 ml Weißweinsauce (siehe Grundrezept Seite 65)
Trüffelöl nach Belieben

Für die Petersiliencreme
200 g Petersilie
50 ml Weißweinsauce (siehe Grundrezept Seite 65)
100 g Sahne
50 g Butter
Salz
Pfeffer

Petersilienravioli mit schwarzem Trüffel

Für die Füllung die Petersilie gründlich waschen, die Blätter von den Stielen zupfen, in heißem Wasser blanchieren, dann mit dem Stabmixer fein pürieren. Das Püree mit dem Ricotta und der Nussbutter verrühren und mit Salz und Pfeffer abschmecken.

Den Teig mit der Nudelmaschine zu hauchdünnen Platten ausrollen und auf eine bemehlte Arbeitsfläche legen. Die Hälfte der Nudelplatten mit verquirltem Ei bestreichen und im Abstand von etwa 4 cm je einen Löffel der Füllung setzen. Die übrigen Nudelplatten darüberlegen und rund um die Füllung fest andrücken. Mit einem Ausstecher Ravioli ausstechen. Die Ravioli in siedendem Salzwasser etwa 2 Minuten garen.

Die Hälfte des Trüffels klein schneiden und in der Butter anschwitzen. Mit der Weißweinsauce aufgießen und mit dem Trüffelöl abschmecken. 10 Minuten ziehen lassen.

Für die Petersiliencreme die Petersilienblätter in heißem Wasser blanchieren, fein mixen und durch ein Sieb streichen. Die Weißweinsauce, die Sahne und die Butter aufkochen lassen, das Petersilienpüree dazugeben und mit Salz und Pfeffer abschmecken.

Die Ravioli mit der Petersiliencreme dekorieren und mit der Sauce anrichten. Den übrigen Trüffel über die Ravioli hobeln.

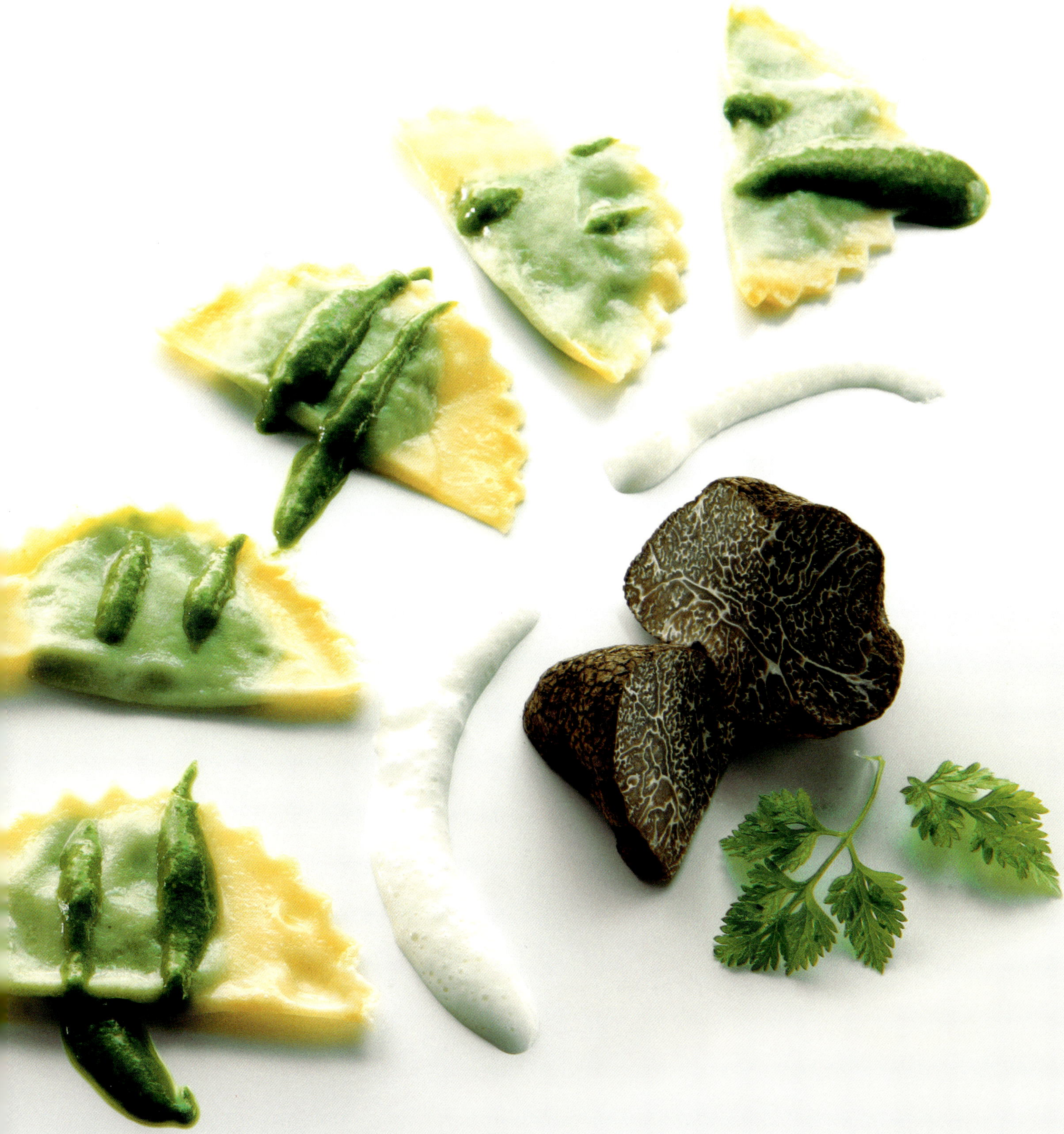

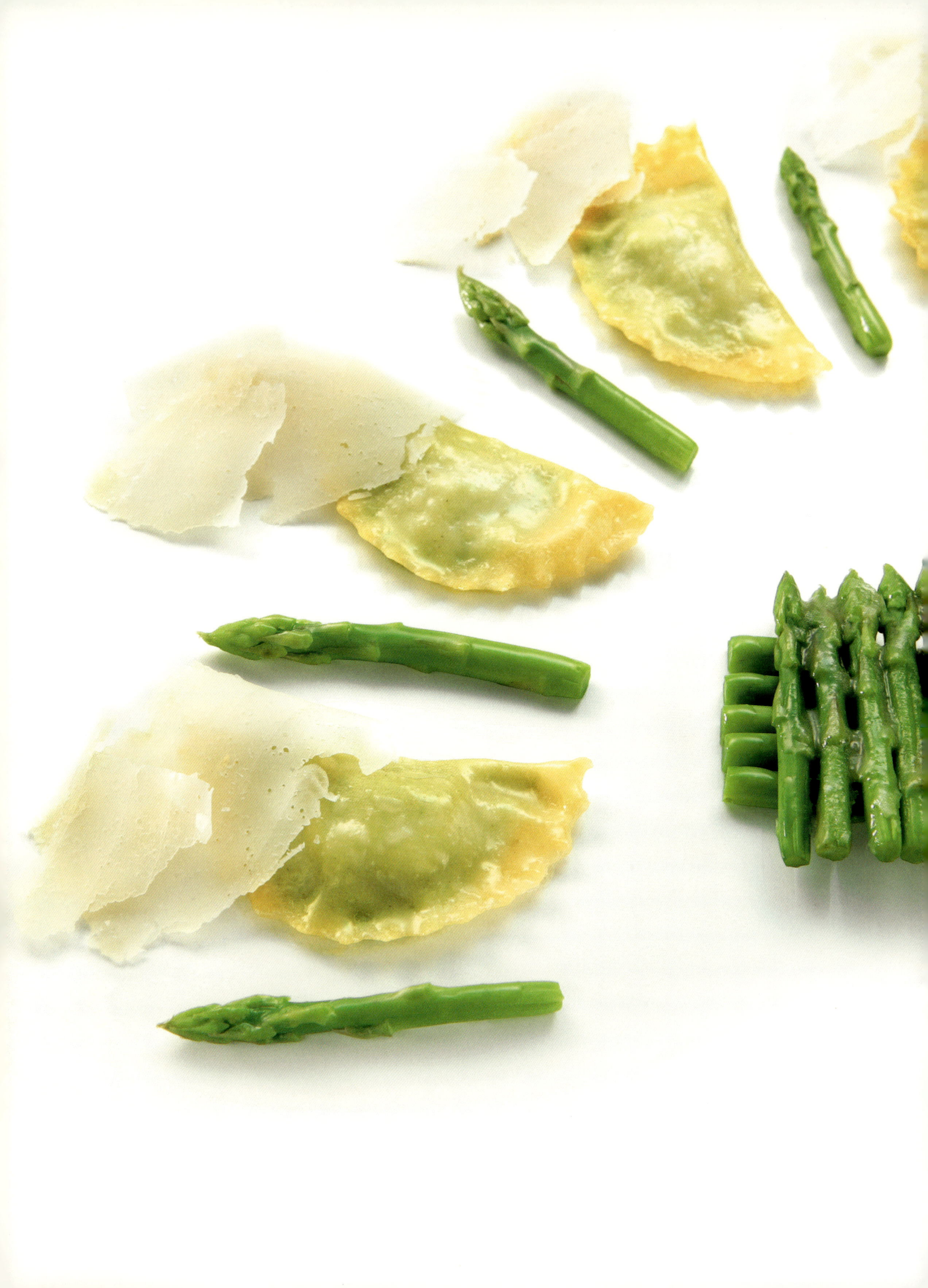

Für die Füllung

100 g grüner Spargel
Butter
50 ml Geflügelfond (siehe Grundrezept Seite 65)
Salz
Pfeffer
Zitronensaft
50 g Ricotta
50 g Mascarpone

Für die Ravioli

250 g Nudelteig (siehe Grundrezept Seite 64)
1 Ei
Mehl

Für die Parmesanbutter

60 ml Geflügelfond (siehe Grundrezept Seite 65)
80 g Butter
80 g frisch geriebener Parmesan

Spargelravioli mit Parmesan

Den Spargel schälen und in feine Würfel schneiden. Die Spargelwürfel in der Butter anschwitzen, dann den Geflügelfond dazugeben. Den Spargel weich kochen, mit Salz, Pfeffer und Zitronensaft würzen und abkühlen lassen. Ricotta und Mascarpone unterrühren.

Den Teig mit der Nudelmaschine zu hauchdünnen Platten ausrollen und auf eine bemehlte Arbeitsfläche legen. Die Hälfte der Nudelplatten mit verquirltem Ei bestreichen und im Abstand von etwa 4 cm je einen Löffel der Füllung setzen. Die übrigen Nudelplatten darüberlegen und rund um die Füllung fest andrücken. Mit einem Ausstecher Ravioli ausstechen. Die Ravioli in reichlich siedendem Salzwasser etwa 2 Minuten garen.

Den Geflügelfond aufkochen, die Butter und den Parmesan dazugeben.

Den Fond über die Ravioli geben und mit etwas Parmesan bestreuen.

Spinatagnolotti mit Salbeibutter

Für die Füllung
100 g Spinat
80 g Butter
Salz
Pfeffer
Muskatnuss
100 g Ricotta
50 g Mascarpone

Für die Agnolotti
200 g Nudelteig (siehe Grundrezept Seite 64)
1 Ei
Mehl

Für die Salbeibutter
100 ml Geflügelfond (siehe Grundrezept Seite 65)
80 g Butter
1/2 Bund Salbei
Salz

Den Spinat waschen und in der Butter anschwitzen, mit Salz, Pfeffer und Muskat würzen und abkühlen lassen. Den abgekühlten Spinat klein hacken, den Ricotta und den Mascarpone unterrühren und nochmals abschmecken.

Den Teig mit der Nudelmaschine zu hauchdünnen Platten ausrollen und auf eine bemehlte Arbeitsfläche legen. Die Hälfte der Nudelplatten mit verquirltem Ei bestreichen und im Abstand von etwa 3 cm je einen Teelöffel der Füllung daraufsetzen. Die übrigen Teigplatten darüberlegen, rund um die Füllung fest andrücken und rund ausstechen. Die Agnolotti in reichlich siedendem Salzwasser etwa 2 Minuten kochen.

Den Geflügelfond aufkochen und die Butter dazugeben. Die Salbeiblättchen fein hacken und unter den Butterfond rühren. Mit Salz abschmecken.

Die Agnolotti mit der Salbeibutter anrichten und servieren.

Für die Füllung
70 g Taleggio
50 g Mascarpone
Salz
Pfeffer

Für die Rucolacreme
1 Bund Rucola
80 g Butter
150 ml Weißweinsauce (siehe Grundrezept Seite 65)

Für die Triangoli
200 g Nudelteig (siehe Grundrezept Seite 64)
1 Ei
Mehl

Taleggiotriangoli mit Rucolacreme

Den Taleggio klein schneiden und mit dem Mascarpone verrühren. Die Masse mit Salz und Pfeffer abschmecken.

Den Teig mit der Nudelmaschine zu hauchdünnen Platten ausrollen und auf eine bemehlte Arbeitsfläche legen. Die Hälfte der Nudelplatten mit verquirltem Ei bestreichen und im Abstand von etwa 6 cm einen Löffel der Füllung daraufsetzen. Die übrigen Teigplatten darüberlegen und rund um die Füllung fest andrücken. Die Dreiecke mit einem Teigrad ausschneiden und in siedendem Salzwasser 2 Minuten kochen.

Den Rucola fein schneiden und in der Butter anschwitzen. Die Weißweinsauce dazugeben, einmal aufkochen lassen, mixen und durch ein Sieb passieren.

Die Triangoli mit der Rucoloacreme anrichten und servieren.

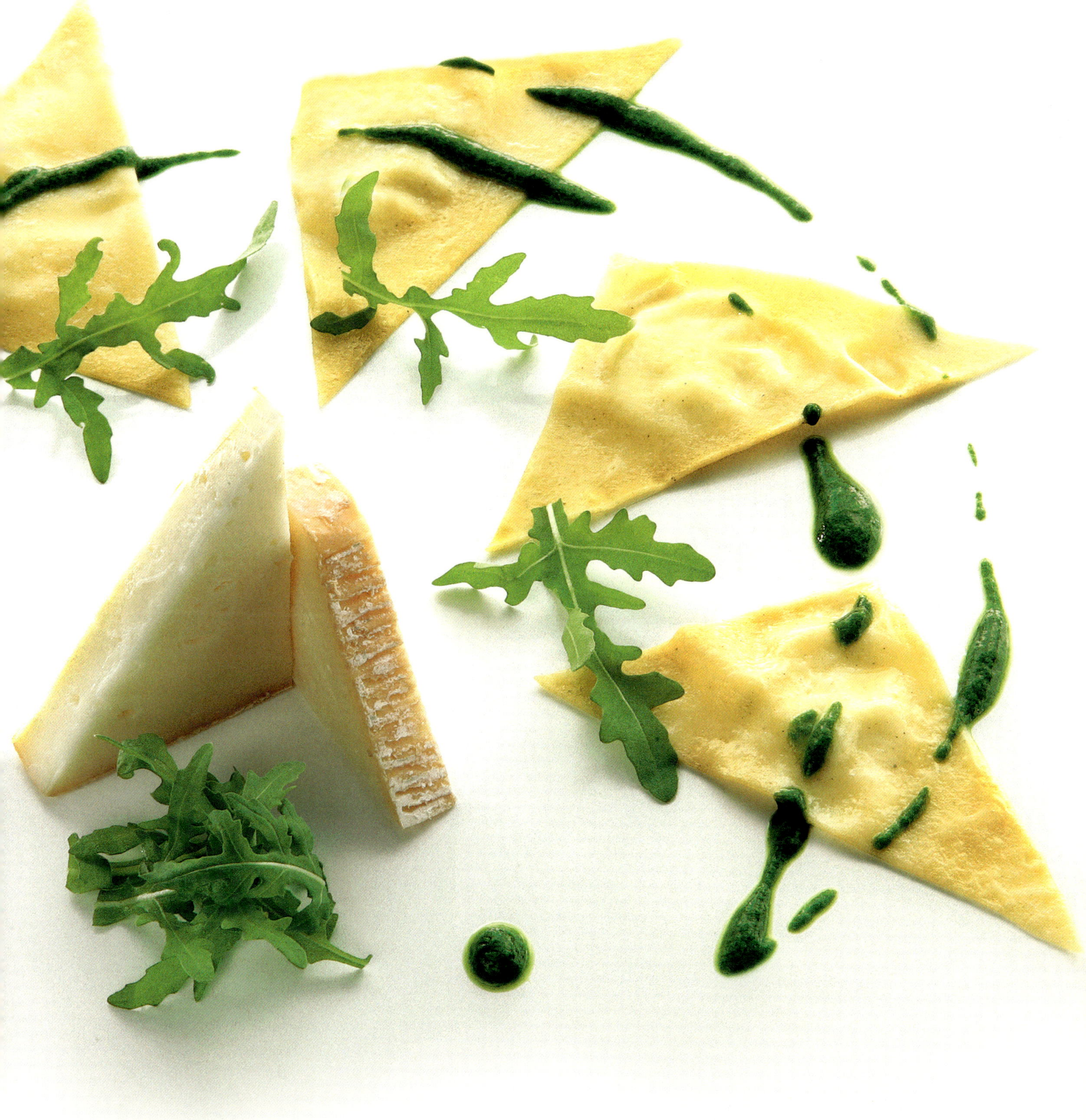

Für die Füllung
5 Alici (süß-sauer eingelegte Sardellen)
100 g Himbeeren
50 g Mascarpone
50 g Ricotta
Salz
Pfeffer
Himbeeressig

Für die Ravioli
250 g Nudelteig (siehe Grundrezept Seite 64)
1 Ei
Mehl

Für die Himbeersauce
50 g Butter
100 g Himbeeren
100 ml Weißweinsauce
Himbeeressig
Salz
Pfeffer

Himbeerravioli mit Alici

Die Alici klein schneiden, mit den Himbeeren, dem Mascarpone und dem Ricotta verrühren und mit Salz, Pfeffer und Himbeeressig abschmecken.

Den Teig mit der Nudelmaschine hauchdünn ausrollen und auf eine bemehlte Arbeitsfläche legen. Die Hälfte der Teigplatten mit Ei bestreichen und im Abstand von 4 cm je einen Teelöffel der Füllung daraufsetzen.

Die übrigen Teigplatten darüberlegen und rund um die Füllung fest andrücken. Mit einem runden Ausstecher Ravioli ausstechen und in siedendem Salzwasser 2 Minuten garen.

Die Himbeeren in der Butter anschwitzen und mit der Weißweinsauce aufgießen, einmal aufkochen lassen, abschmecken und durch ein feines Sieb passieren.

Die Ravioli mit der Himbeersauce anrichten.

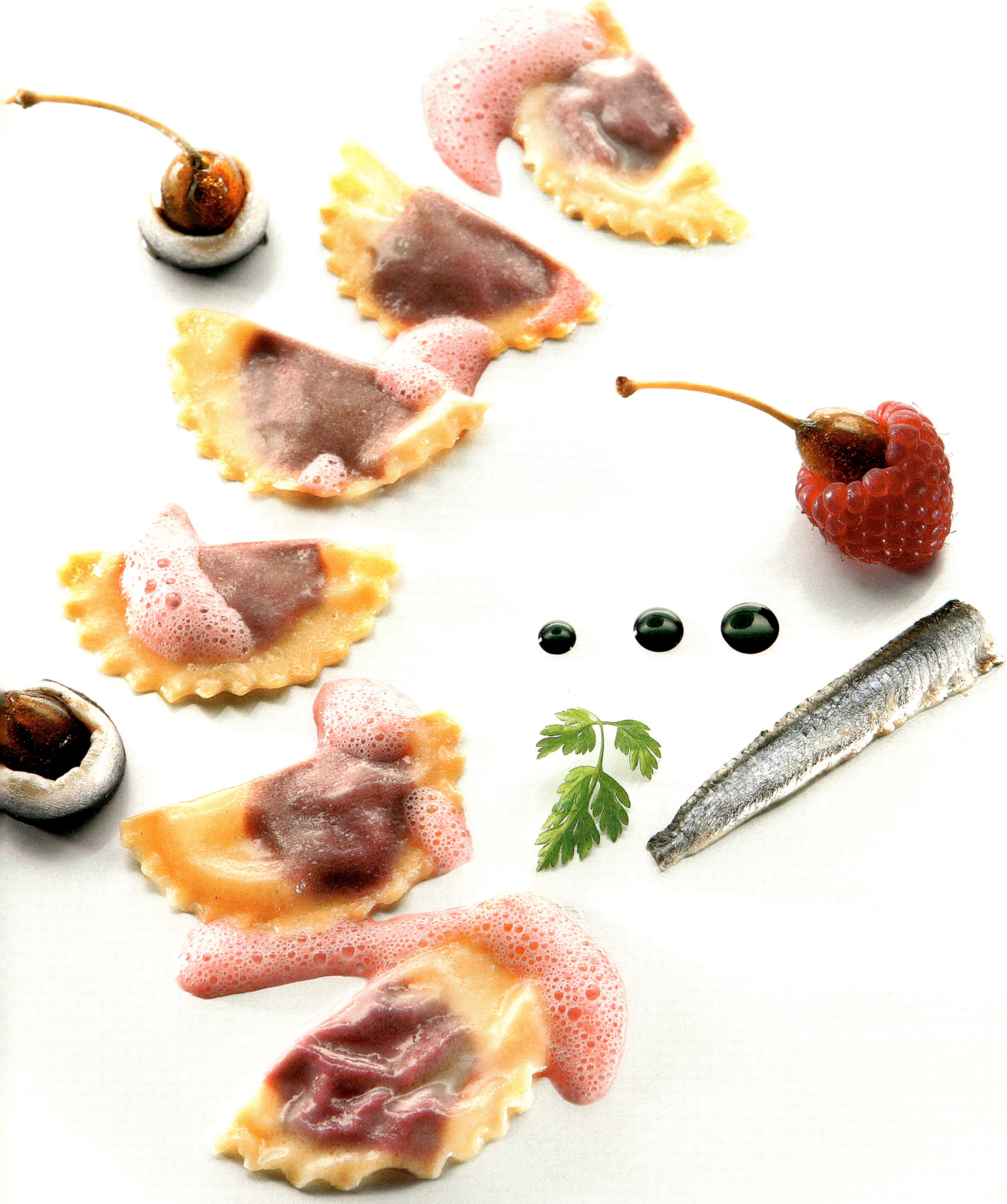

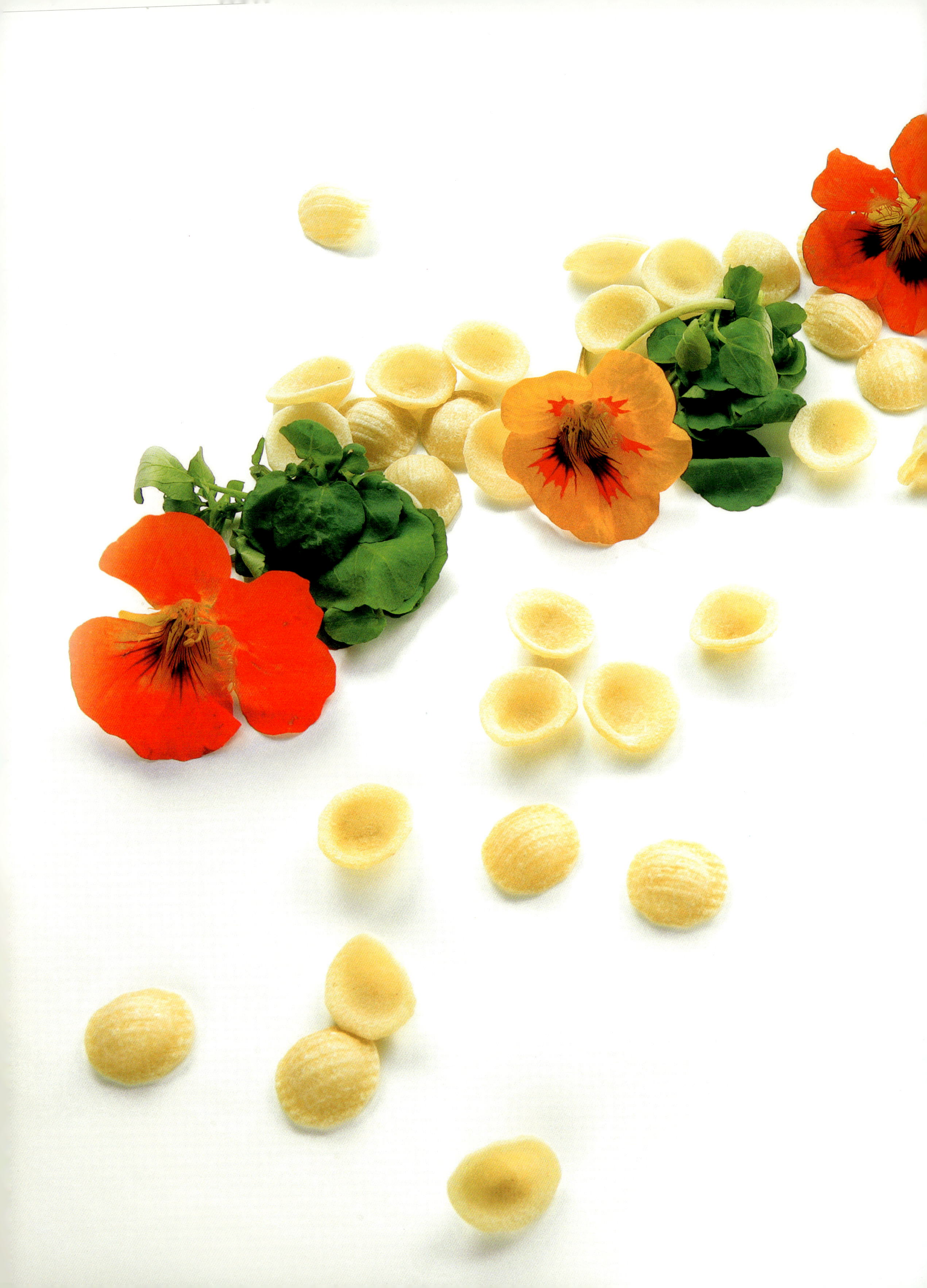

Hartweizenmehlpasta

Conchiglie mit Thunfisch und Oliven

Die Nudeln nach Packungsanleitung zubereiten.

In der Zwischenzeit die Auberginenwürfel in Olivenöl anschwitzen. Oliven und Tomaten dazugeben und mit Sherry ablöschen. Jetzt den Thunfisch und die Butter dazugeben und mit Geflügelfond auffüllen. Alles leicht einkochen lassen und mit Salz und Pfeffer abschmecken. Zum Schluss die Zitronenschale dazugeben.

Die Sauce über die abgetropften Conchiglie geben und mit einigen halbierten Oliven garnieren.

300 g Conchiglie (Fertigprodukt)

100 g gewürfelte Auberginen

50 g gehackte grüne Oliven

150 g gewürfelte Tomaten

50 ml Sherry

150 g Thunfisch

80 g Butter

100 ml Geflügelfond (siehe Grundrezept Seite 65)

Salz

Pfeffer

Olivenöl

abgeriebene Schale von 1 unbehandelten Zitrone

Hartweizenmehlpasta

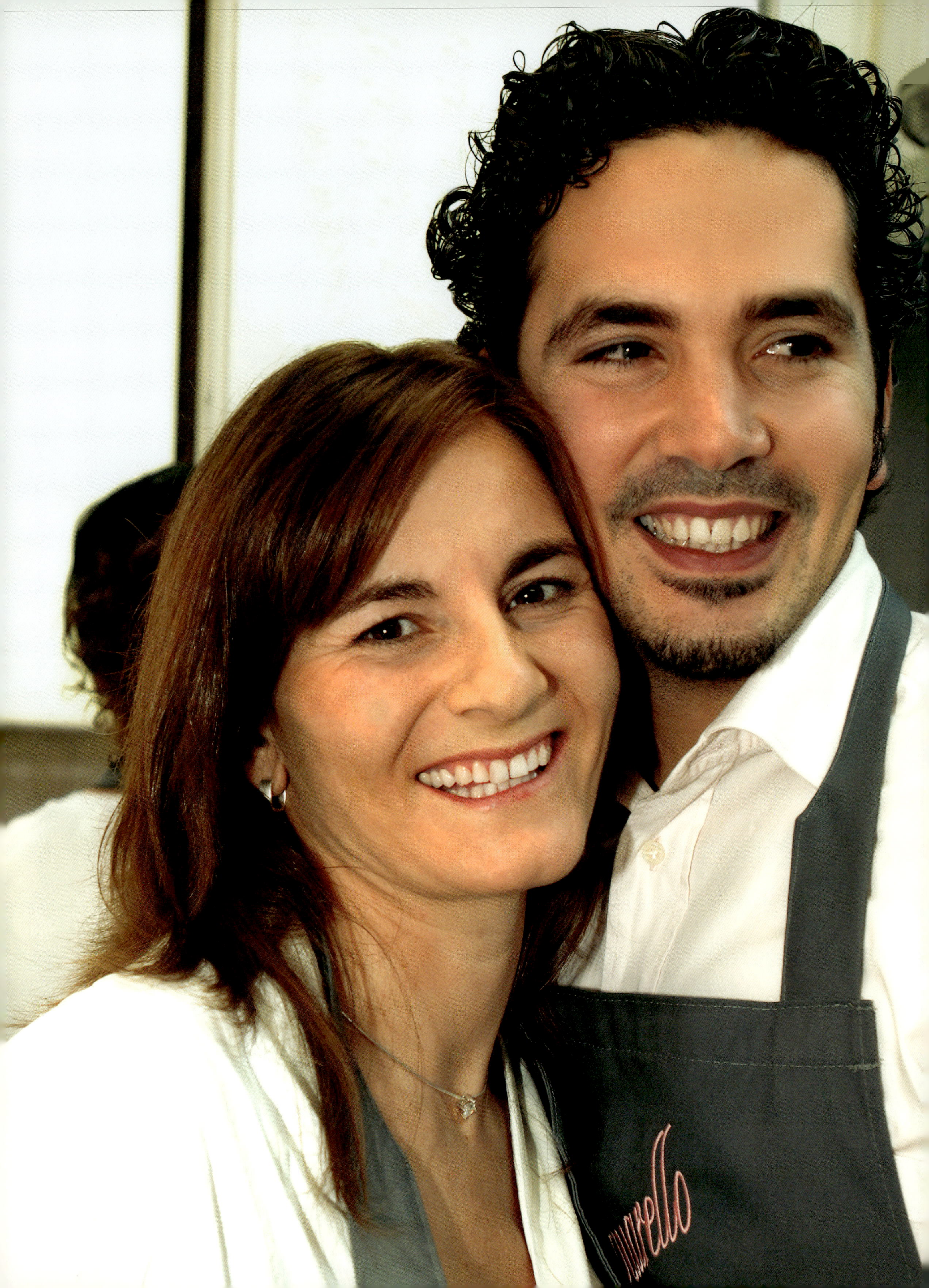

300 g Farfalle (Fertigprodukt)
400 g grüner Spargel
abgeriebene Schale von 2 unbehandelten Zitronen
50 g Butter
80 ml Weißwein
Salz
Pfeffer
frisch geriebener Parmesan

Farfalle in Spargel-Zitronen-Sauce

Den Spargel schälen und in etwa 2 cm große Stücke schneiden. In kochendem Salzwasser bissfest garen und in Eiswasser abschrecken.

In der Zwischenzeit die Nudeln nach Packungsanleitung al dente kochen.

Die Zitronenschale in der Butter anschwitzen. Mit dem Weißwein ablöschen und fast vollständig einkochen lassen. Jetzt den Spargel hinzugeben und mit Salz und Pfeffer abschmecken.

Die Spargelsauce über die Farfalle geben und alles mit frisch geriebenem Parmesan bestreuen.

Farfalle mit Venusmuscheln

Die Farfalle nach Packungsanleitung al dente kochen.

In der Zwischenzeit in einem großen Topf Olivenöl sehr heiß werden lassen. Die Muscheln hineingeben und kurz anbraten, dann das kleingeschnittene Gemüse untermengen. Knoblauch, Weißwein und Estragon hinzugeben und abgedeckt etwa 10 Minuten köcheln lassen. Die Butter einrühren und mit Salz und Pfeffer abschmecken.

Die Muschelsauce vor dem Servieren über die abgetropften Farfalle gießen.

300 g Farfalle (Fertigprodukt)

1 kg Venusmuscheln

1 Karotte

150 g Tomaten

2 Knoblauchzehen

500 ml Weißwein

einige Zweige Estragon

80 g Butter

Salz

Pfeffer

Olivenöl

300 g Fettuccine (Fertigprodukt)
60 g Butter
1 gewürfelte Schalotte
200 g Morcheln
40 ml Sherry
50 ml Geflügelfond (siehe Grundrezept Seite 65)
Salz
Pfeffer
etwas kalte Butter

Fettuccine mit frischen Morcheln

Die Butter in einer Pfanne erhitzen und die Schalottenwürfel darin glasig dünsten. Die halbierten Morcheln hinzufügen, kurz mitbraten und mit Sherry ablöschen. Den Geflügelfond hinzugeben und fast ganz einkochen lassen.

In der Zwischenzeit die Nudeln nach Packungsanleitung al dente kochen.

Den Morchelfond mit etwas Butter binden, mit Salz und Pfeffer abschmecken und die Nudeln darin schwenken.

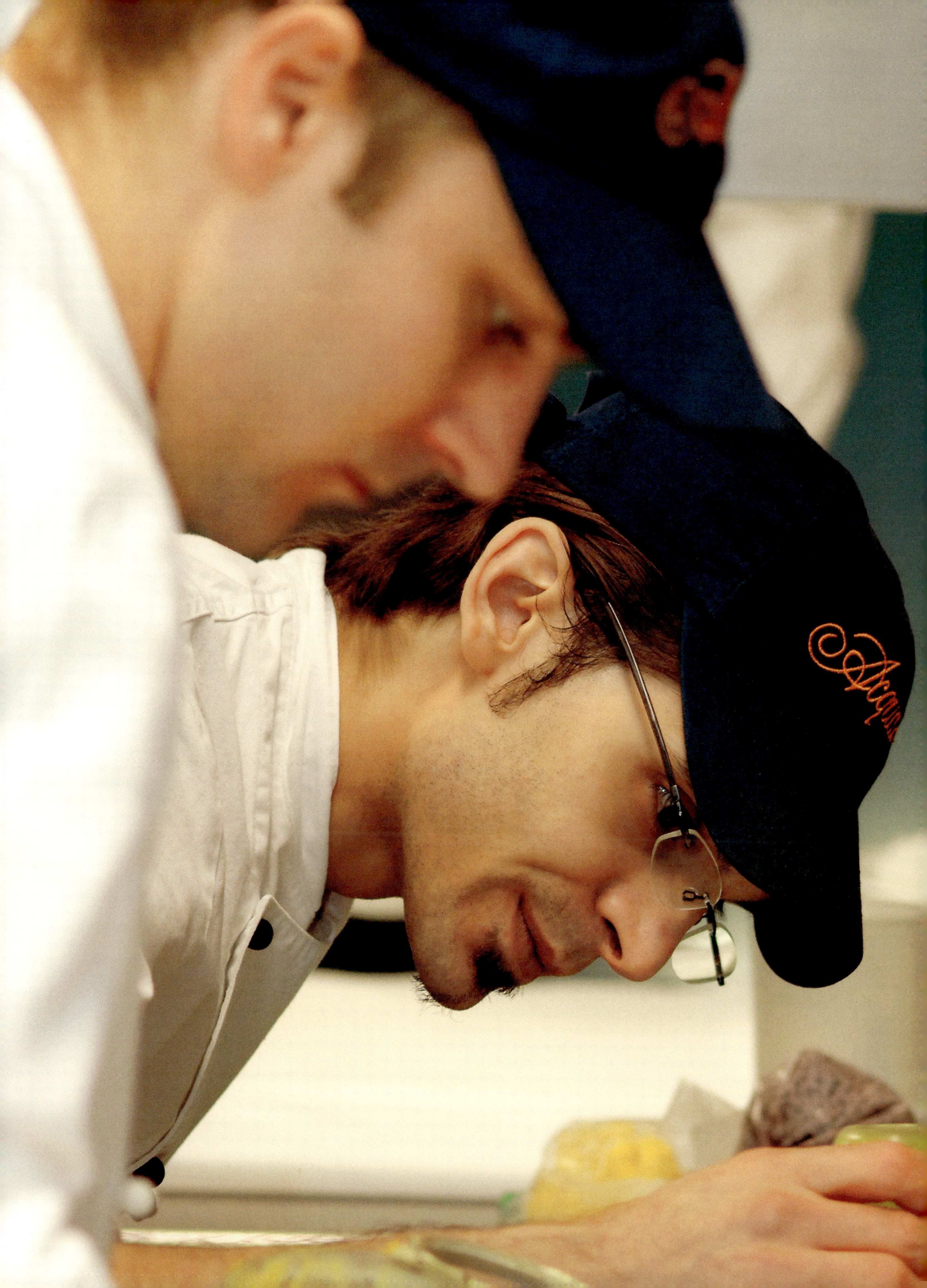

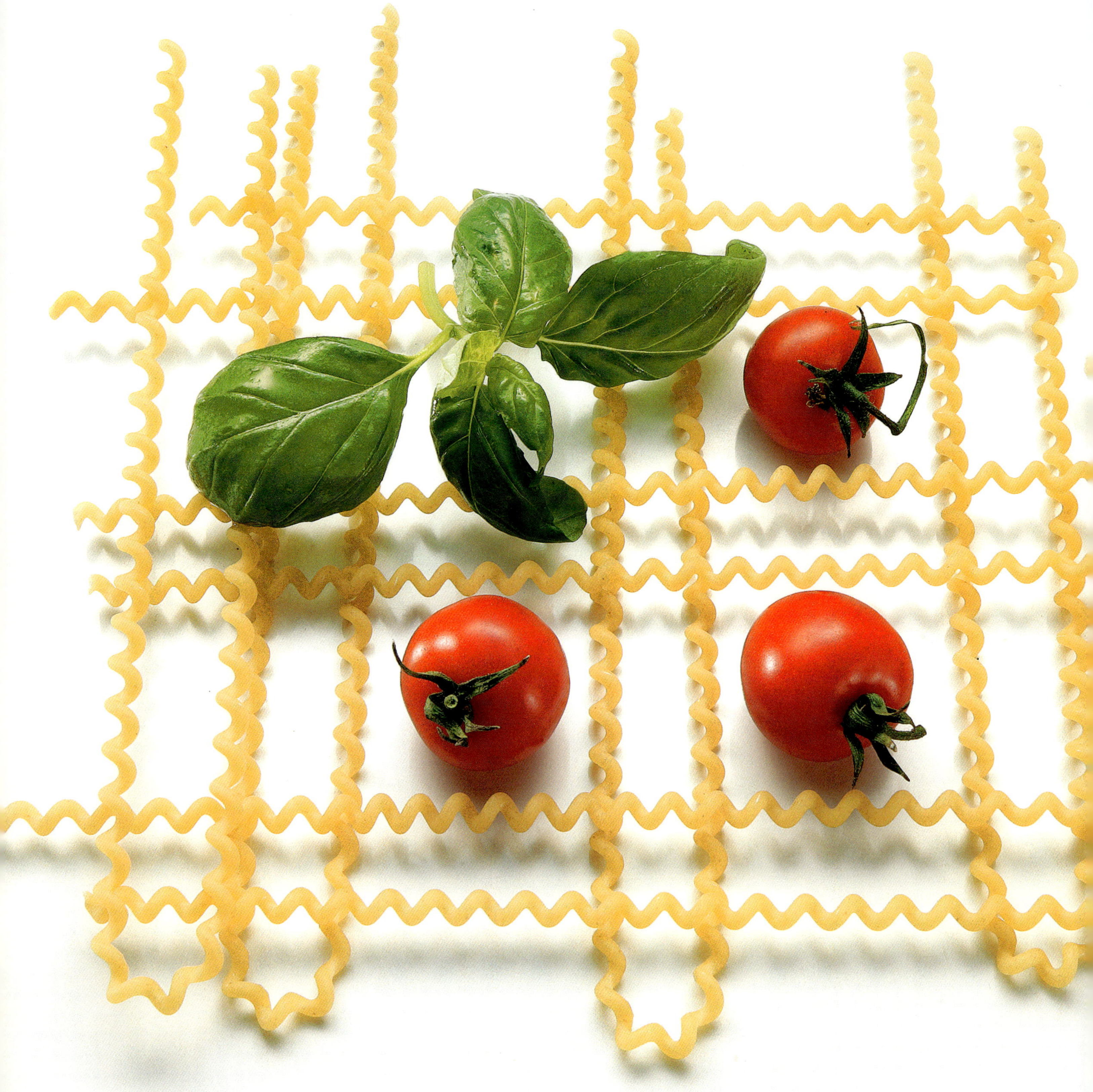

Fusilli mit Tomatensauce und Parmesan

300 g Fusilli (Fertigprodukt)
3 Zwiebeln
1 Knoblauchzehe
1 kg Tomaten
1 Bund Basilikum
Salz
Pfeffer
Olivenöl
100 g frisch geriebener Parmesan

Die Zwiebeln fein würfeln und zusammen mit dem fein gehackten Knoblauch in Olivenöl anschwitzen. Die kleingeschnittenen Tomaten dazugeben, mit Salz und Pfeffer würzen und bei geringer Hitze weich kochen lassen. Das Basilikum dazugeben, alles weitere 10 Minuten ziehen lassen und durch ein feines Sieb passieren.

Die Fusilli nach Packungsanleitung zubereiten und mit der Sauce übergießen. Vor dem Servieren mit frisch geriebenem Parmesan bestreuen.

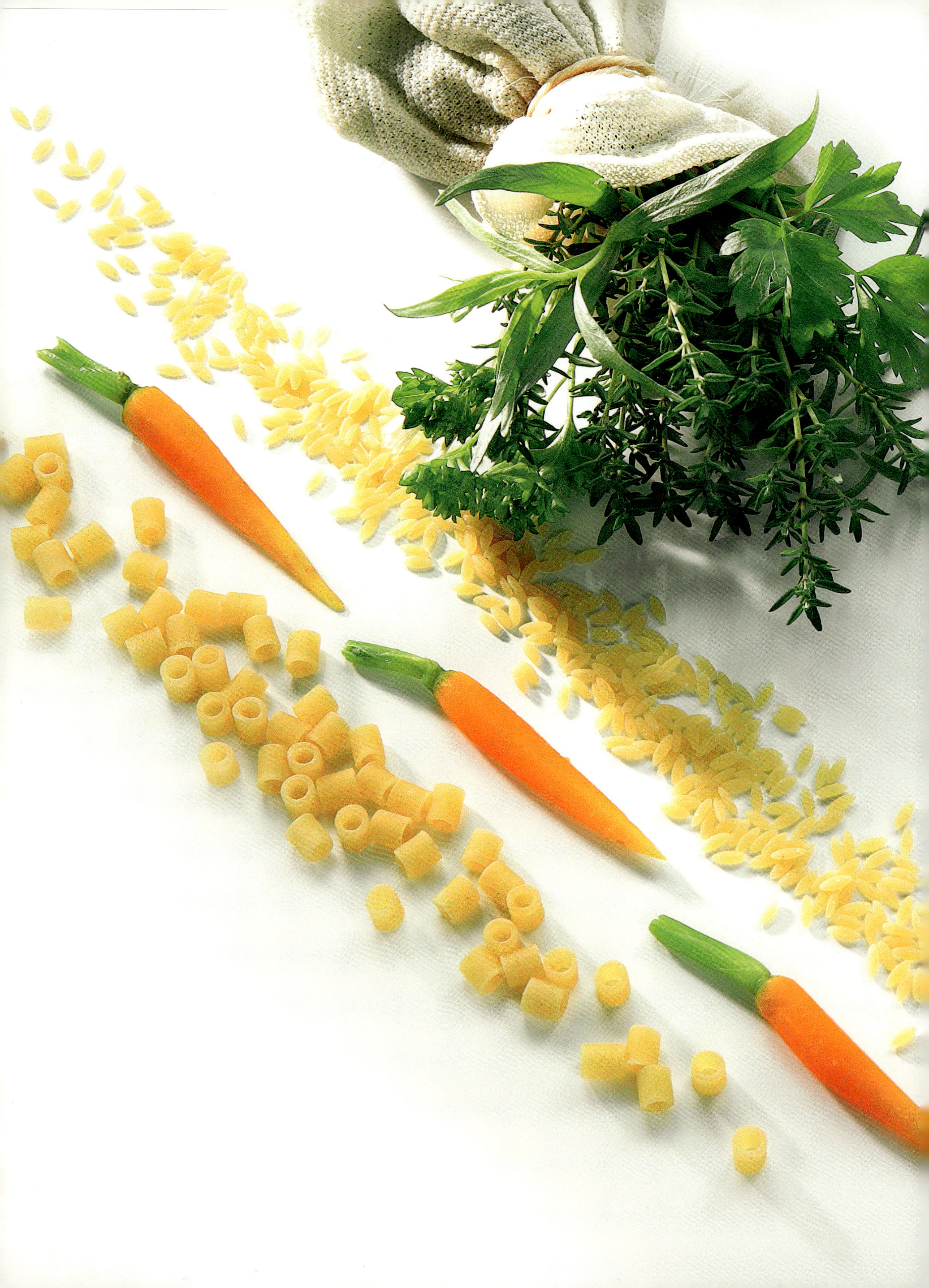

250 g Suppennudeln (Fertigprodukt)
1 l Geflügelfond (siehe Grundrezept Seite 65)
Kräuter (Petersilie, Liebstöckel, Rosmarin, Thymian, Basilikum)
Gemüse (Karotten, Staudensellerie, Erbsen)

Nudelsuppe mit Kräutern

Die Suppennudeln nach Packungsanleitung al dente kochen.

In der Zwischenzeit den Geflügelfond aufkochen lassen und die Kräuter hineingeben. Etwa 15 Minuten ziehen lassen und die Kräuter wieder herausnehmen.

Jetzt das Gemüse dazugeben und bissfest kochen. Am Schluss die Nudeln dazugeben. Mit frisch gehackter Petersilie bestreut servieren.

Hartweizenmehlpasta

300 g Orecchiette (Fertigprodukt)
100 g Brunnenkresse
80 g Butter
100 ml Geflügelfond (siehe Grundrezept Seite 65)
12 Langostinos
Salz
Pfeffer
Olivenöl

Die Orecchiette nach Packungsanleitung al dente kochen.

In der Zwischenzeit die Brunnenkresse klein schneiden, in der Butter anschwitzen, mit Salz und Pfeffer würzen und den Geflügelfond dazugeben.

Die Langostinos putzen, vom Darm befreien, mit Salz und Pfeffer würzen und in Olivenöl vorsichtig kurz braten.

Die Orecchiette zusammen mit den Langostinos auf Tellern anrichten und mit der Brunnenkresse-Sauce übergießen.

Orecchiette mit Brunnenkresse und Langostinos

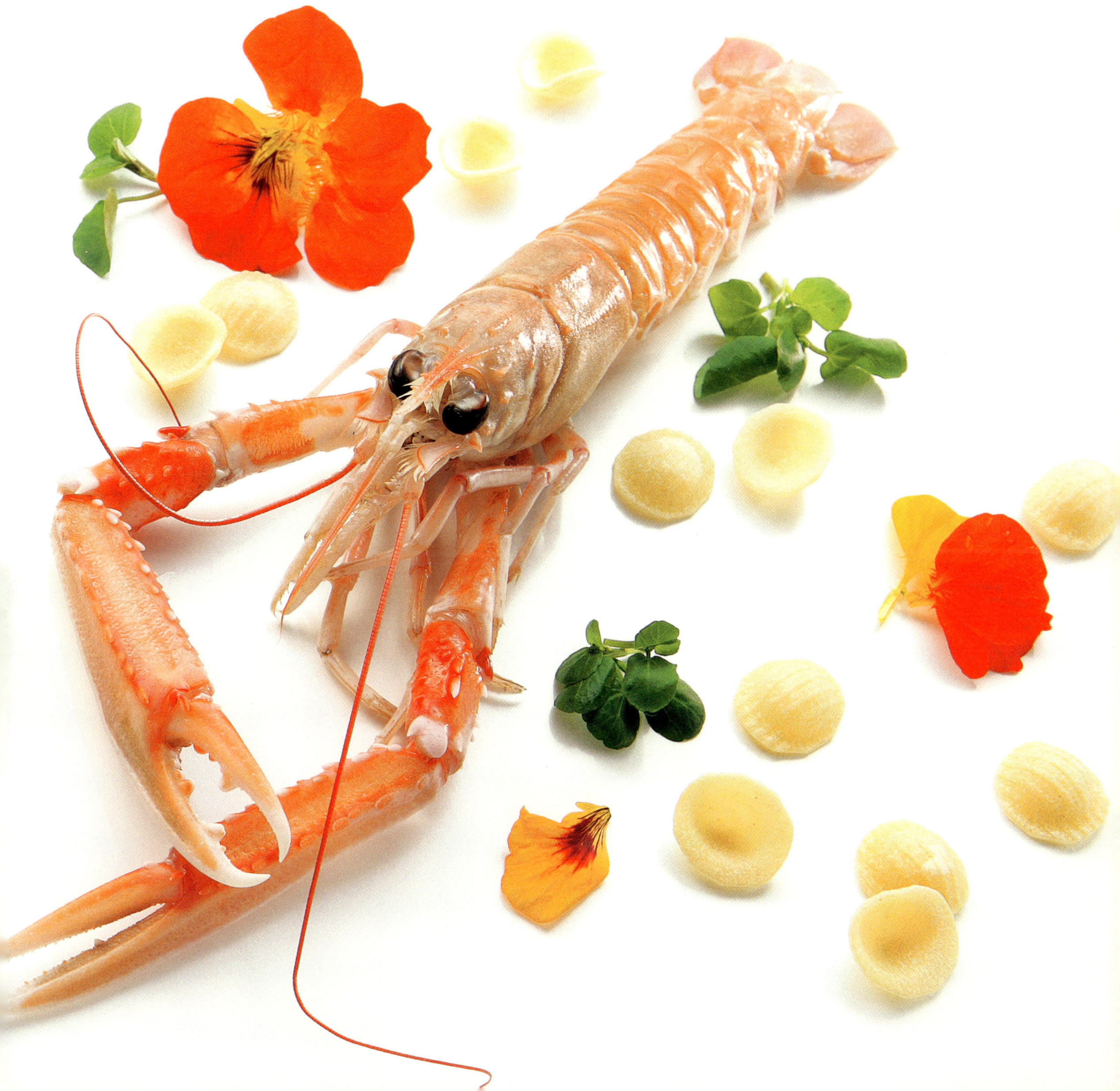

Die Pappardelle nach Packungsanleitung al dente kochen.

Für die Sauce Zwiebeln und Knoblauchzehe fein würfeln und in Olivenöl anschwitzen. Die kleingeschnittenen Tomaten dazugeben und mit Salz und Pfeffer würzen. Bei geringer Hitze weich kochen lassen. Das Basilikum fein schneiden und dazugeben. Die Sauce 10 Minuten ziehen lassen, anschließend durch ein feines Sieb passieren. Den Ricotta unterrühren.

Die Tomatensauce vor dem Servieren über die abgetropften Pappardelle geben. Mit einigen frischen Basilikumblättchen garnieren.

Pappardelle mit Tomaten-Ricotta-Sauce

300 g Pappardelle (Fertigprodukt)

3 Zwiebeln

1 Knoblauchzehe

1 kg Kirschtomaten

1 Bund frisches Basilikum

150 g Ricotta

Salz

Pfeffer

Olivenöl

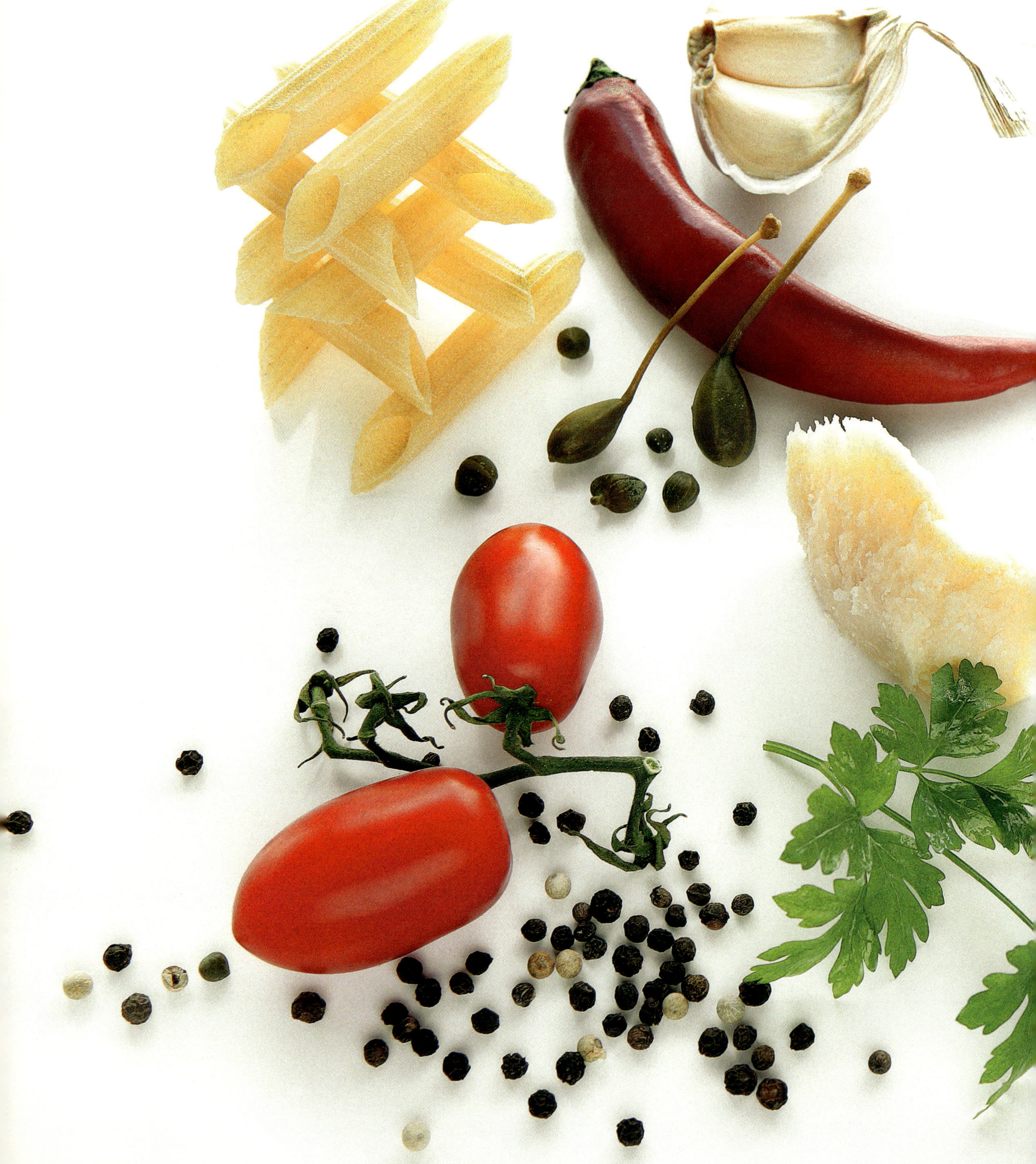

400 g Penne (Fertigprodukt)
1 Knoblauchzehe
400 g Tomaten
2–4 rote Peperoni
80 g Butter
Salz
Pfeffer
Olivenöl
frisch geriebener Parmesan
Petersilie zum Garnieren

Hartweizenmehlpasta

Penne nach Art von Brigitte

Die Penne nach Packungsanleitung al dente kochen.

In der Zwischenzeit den geschälten, gewürfelten Knoblauch in Olivenöl anschwitzen und die gewürfelten Tomaten und Peperoni (nach Belieben von den Kernen befreit) dazugeben. Mit Salz und Pfeffer würzen, die Butter beifügen und zugedeckt etwa 20 Minuten köcheln lassen. Die Tomatensauce durch ein Sieb passieren und abschmecken. Über die abgetropften Penne geben, den Parmesan darüberhobeln und mit einigen Blättchen Petersilie garnieren.

Reginelle mit Pioppini

Die Schalotten schälen, in sehr feine Würfel schneiden und in Olivenöl anschwitzen.

Die geputzten Pioppini dazugeben und kurz mit anschwitzen. Sahne und Geflügelfond dazugeben, etwas einkochen lassen. Salzen und pfeffern und mit der Butter binden.

Die Reginelle nach Packungsanleitung kochen. Vor dem Servieren mit der Sauce übergießen.

3 Schalotten

400 g Pioppini (Südlicher Schüppling oder Samthäubchen, feiner Speisepilz)

100 ml Sahne

100 ml Geflügelfond (siehe Grundrezept Seite 65)

Salz

Pfeffer

Olivenöl

50 g Butter

300 g Reginelle (Fertigprodukt)

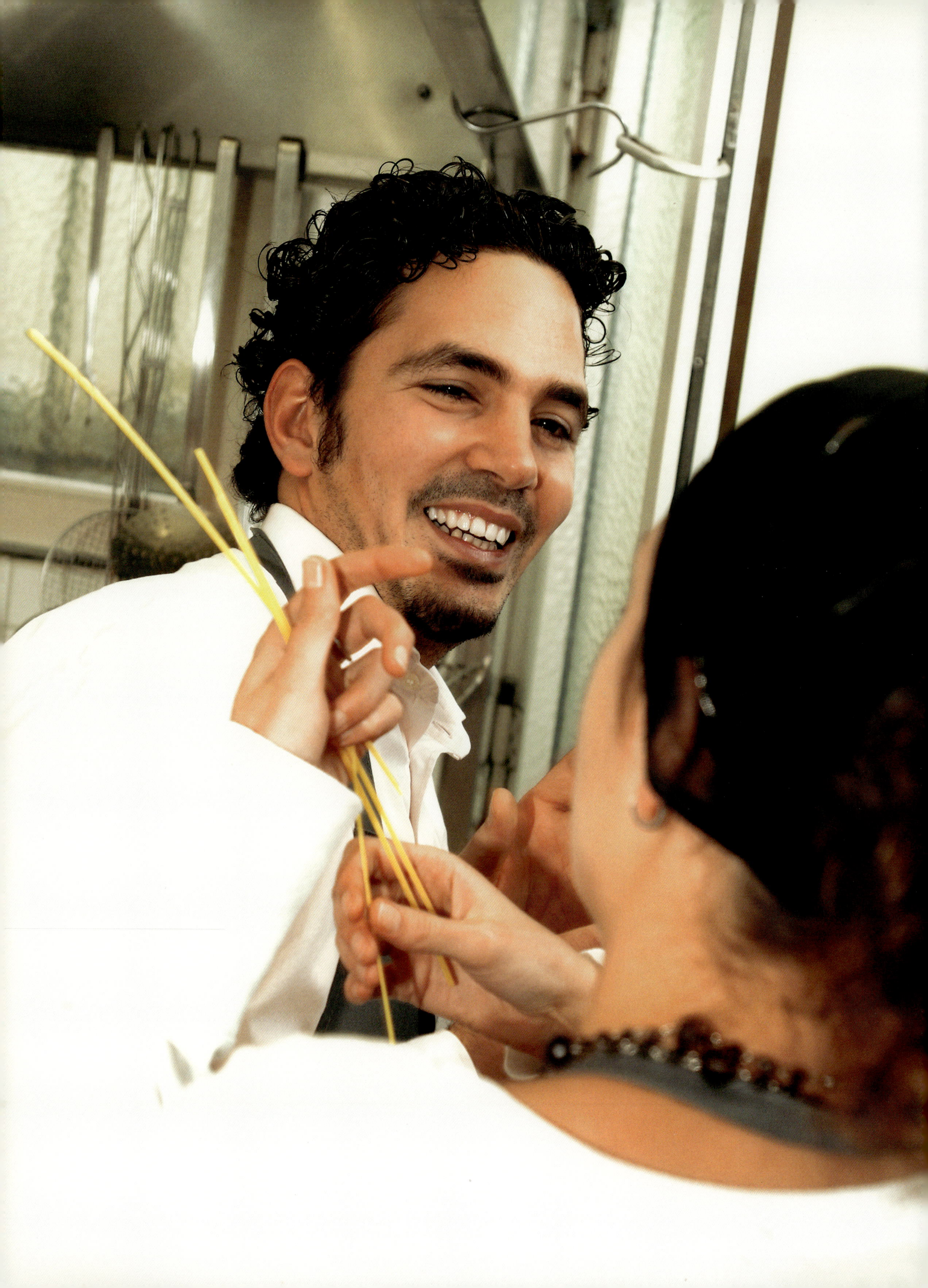

300 g rote Spaghetti
200 g Rote Bete
200 ml Geflügelfond (siehe Grundrezept Seite 65)
80 g Butter
50 g gemahlener Blaumohn
12 Jakobsmuscheln
abgeriebene Schale von 1 unbehandelten Zitrone
frisch gemahlener roter Pfeffer
Salz
roter Pfeffer
Olivenöl

Rote-Bete-Spaghetti mit Jakobsmuscheln

Die Spaghetti nach Packungsanleitung al dente kochen.

In der Zwischenzeit die Rote Bete schälen und in feine Würfel schneiden. In dem Geflügelfond weich kochen und mit Salz und rotem Pfeffer würzen. Die Butter und den Mohn in den Fond rühren.

Die Jakobsmuscheln mit Zitronenschale, rotem Pfeffer und Salz würzen und kurz in Olivenöl anbraten.

Zum Anrichten die Spaghetti in den Rote-Bete-Mohn-Fond geben und die gebratenen Jakobsmuscheln darauflegen.

Schwarze Linguine mit Polipo

1 mittelgroßer Oktopus (Polipo)
2 Zwiebeln
2 Karotten
1/2 Sellerieknolle
2 Lorbeerblätter
10 schwarze Pfefferkörner
2 unbehandelte Zitronen
3 l Wasser
Salz

300 g schwarze Linguine (Fertigprodukt)
150 ml Geflügelfond (siehe Grundrezept Seite 65)
abgeriebene Schale von 2 unbehandelten Zitronen
80 g Butter
Salz
Pfeffer

Das Wasser zum Kochen bringen und den Oktopus einlegen. Das Gemüse schälen, grob würfeln und zusammen mit den halbierten Zitronen und den Gewürzen in das Wasser geben. Das Ganze etwa 1 Stunde kochen lassen, bis der Oktopus weich ist.

Den Oktopus herausnehmen und etwas abkühlen lassen. Die Arme abtrennen und die rote Haut entfernen. Die Arme in feine Scheiben schneiden und beiseite stellen.

Die Linguine nach Packungsanleitung zubereiten.

In der Zwischenzeit den Geflügelfond zum Kochen bringen. Die Zitronenschale und die Butter hinzugeben und mit Salz und Pfeffer abschmecken. Die Oktopusscheiben in dem Fond erwärmen und mit den abgetropften Linguine auf Tellern anrichten.

400 g Spaghetti (Fertigprodukt)
100 ml Olivenöl
3 Knoblauchzehen, gewürfelt
4 getrocknete Peperoncini
100 ml Geflügelfond (siehe Grundrezept Seite 65)
Salz
Pfeffer

Spaghetti Aglio, Olio e Peperoncino

Die Spaghetti nach Packungsanleitung al dente kochen.

In der Zwischenzeit den Knoblauch in Olivenöl anschwitzen, die zerstoßenen Peperoncini dazugeben, mit dem Geflügelfond aufgießen und abschmecken. Vor dem Servieren unter die abgetropften Spaghetti mischen.

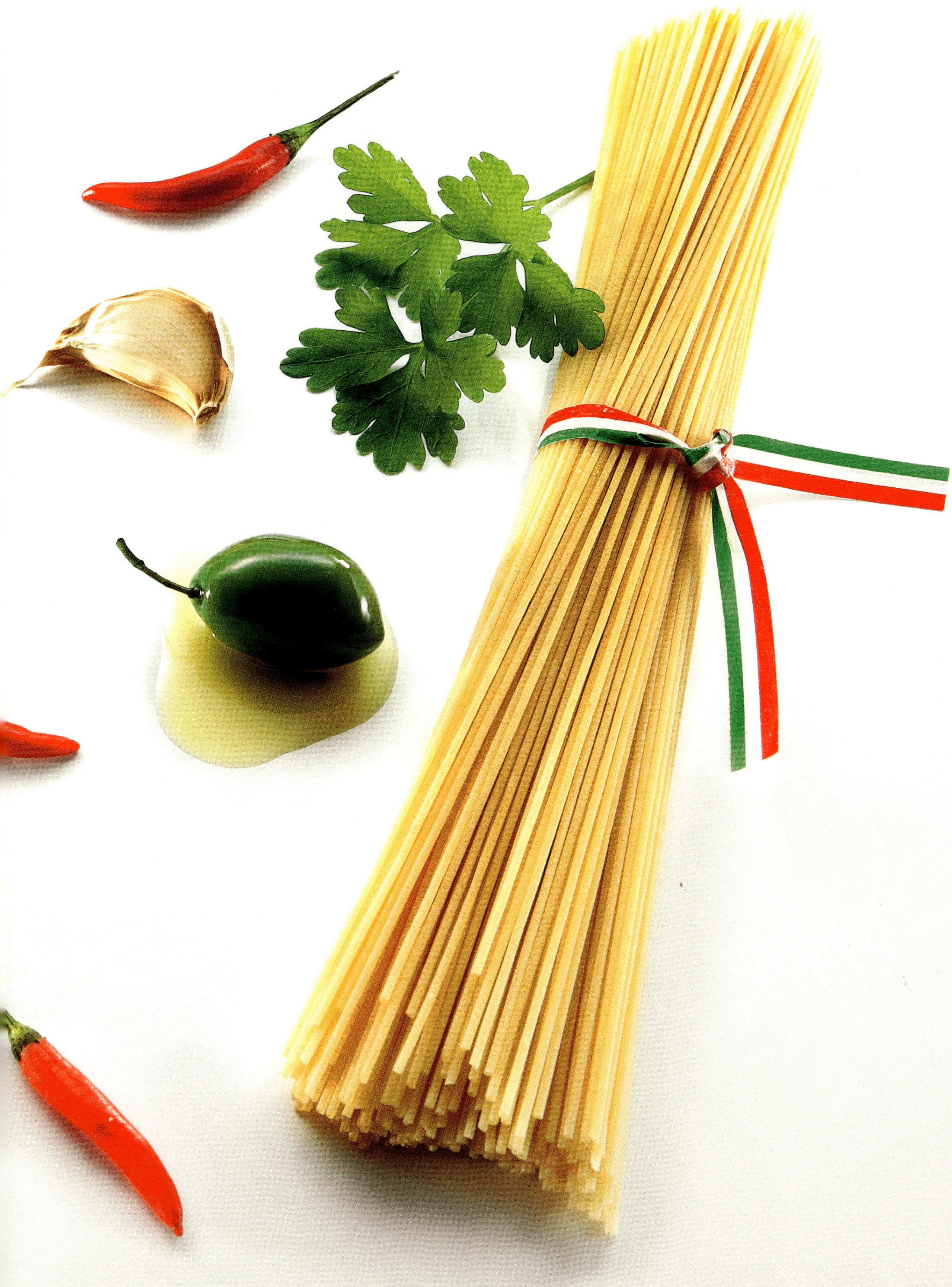

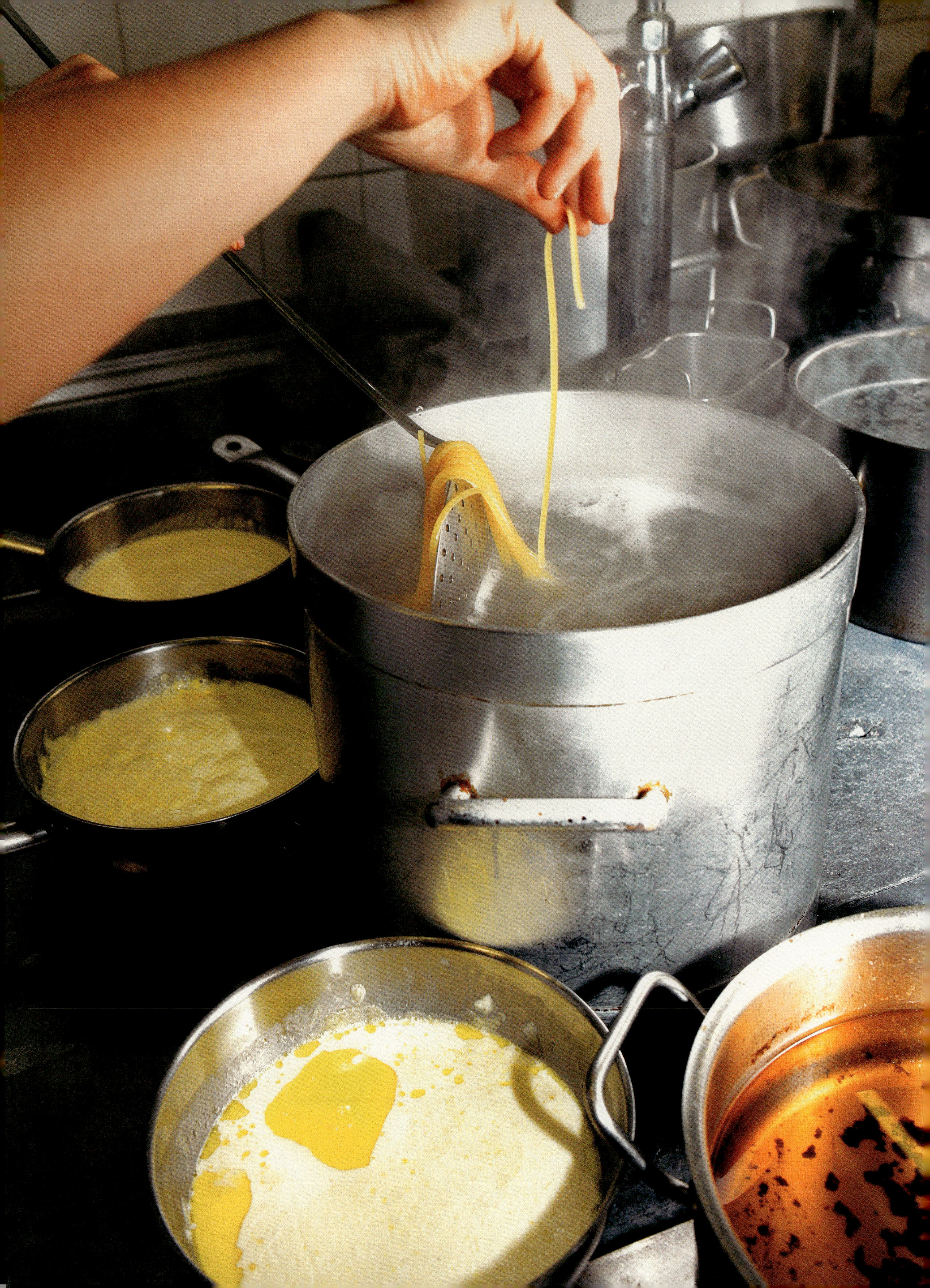

400 g Spaghetti
4 Eigelb
4 EL Sahne
100 g geriebener Parmesan
100 g durchwachsener Speck
Salz
Pfeffer
Öl

Spaghetti Carbonara

Die Spaghetti nach Packungsanleitung al dente kochen.

Eigelb mit Sahne und 50 g Parmesan verrühren. Mit Salz und Pfeffer abschmecken.

Speck in feine Würfel schneiden und in Öl anbraten.

Die gekochten Spaghetti in die Eigelb-Sahne-Mischung geben und den Speck hinzufügen. Alles gut verrühren, bis das Eigelb stockt. Mit dem restlichen Parmesan bestreut servieren.

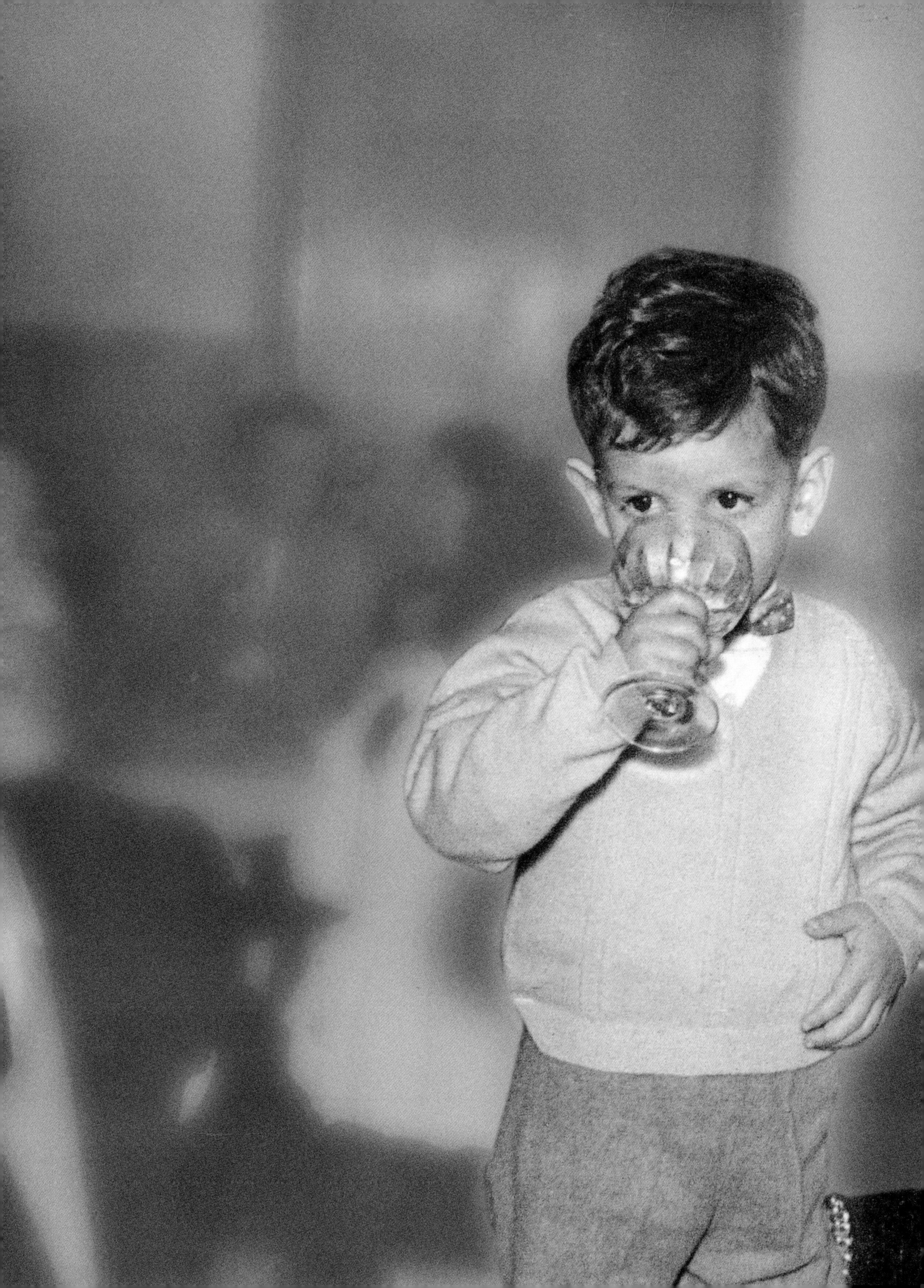

Pasta della Mamma

Walnuss-Lasagne

Den Teig mit der Nudelmaschine dünn ausrollen, auf eine bemehlte Arbeitsfläche legen und zu großen, gleichmäßigen Rechtecken schneiden. Die Nudelplatten in reichlich siedendem Salzwasser etwa 2 Minuten garen.

Das Mehl in der Butter anschwitzen. Nach und nach unter ständigem Rühren die Milch zugeben. Kurz aufkochen lassen und mit Salz und Pfeffer abschmecken.

Eine flache, rechteckige Auflaufform mit Butter einfetten. Den Boden mit einer Lasagneplatte auslegen. Gleichmäßig mit Bechamelsauce bedecken, mit den gehackten Walnüssen und den drei verschiedenen Käsesorten bestreuen. Dabei etwas von jedem Käse aufheben. Die übrigen Zutaten in gleicher Weise aufschichten. Mit einer Lasagneplatte abschließen, die restliche Bechamelsauce darübergeben und mit dem restlichen Käse bestreuen. Im vorgeheizten Backofen bei 180 °C etwa 30 Minuten backen.

Für die Lasagne

200 g Nudelteig (siehe Grundrezept Seite 64)
Mehl

Für die Bechamelsauce

60 g Butter
30 g Mehl
500 ml Milch
Salz
Pfeffer

Für die Füllung

400 g gehackte Walnüsse
70 g gebröckelter Ricotta
70 g geriebener Pecorino
70 g geriebener Parmesan

Pasta della Mamma

Den Kürbis in kleine Würfel schneiden, in der Butter anschwitzen und würzen. Dann mit dem Geflügelfond aufgießen und weich garen.

Den Teig mit der Nudelmaschine zu dünnen Platten ausrollen und auf eine bemehlte Arbeitsfläche legen. Die Hälfte der Platten mit verquirltem Ei bestreichen und im Abstand von etwa 6 cm je einen Esslöffel der Füllung daraufsetzen. Die restlichen Nudelplatten darüberlegen und rund um die Füllung fest andrücken. Die Panzerotti quadratisch ausschneiden und den Rand mit einer Gabel fest andrücken. Die Nudeln in reichlich siedendem Salzwasser etwa 3 Minuten garen.

Den Geflügelfond aufkochen und die Butter hineingeben. Den Salbei in feine Streifen schneiden und unter die Butter rühren.

Den Butterfond über die abgetropften Panzerotti geben und vor dem Servieren mit frisch geriebenem Parmesan bestreuen.

Kürbispanzerotti mit Salbeibutter

Für die Füllung

300 g Kürbis, geschält und entkernt
80 g Butter
Muskatnuss
Zimtpulver
Salz
Pfeffer
100 ml Geflügelfond (siehe Grundrezept Seite 65)

Für die Panzerotti

300 g Nudelteig (siehe Grundrezept Seite 64)
1 Ei
Mehl

Für die Salbeibutter

100 ml Geflügelfond (siehe Grundrezept Seite 65)
80 g Butter
1 Zweig Salbei
frisch geriebener Parmesan

Ravioli mit Fleischfüllung und Parmesan

Für die Füllung
2 Schalotten
2 Stück Salsiccia
100 g Schweinehackfleisch
80 g Mascarpone
Salz
Pfeffer
Olivenöl

Für die Ravioli
300 g Nudelteig (siehe Grundrezept Seite 64)
1 Ei
Mehl
Butter
frisch geriebener Parmesan

Die Schalotten schälen, fein würfeln und in Olivenöl anschwitzen. Die Salsiccia aufschneiden und die Füllung zusammen mit dem Schweinehackfleisch zu den Schalotten geben. Alles zusammen kurz anschwitzen und abkühlen lassen. Das Fleisch mit dem Mascarpone vermengen und mit Salz und Pfeffer abschmecken.

Den Teig mit der Nudelmaschine dünn ausrollen und auf eine bemehlte Arbeitsfläche legen. Die Hälfte der Teigplatten mit verquirltem Ei bestreichen und im Abstand von 5 cm je einen Teelöffel der Füllung daraufsetzen. Die restlichen Nudelplatten darüberlegen, rund um die Füllung fest andrücken und die Ravioli ausstechen. Die Nudeln in reichlich siedendem Salzwasser etwa 3 Minuten kochen.

Die fertigen Ravioli mit flüssiger Butter begießen und mit frisch geriebenem Parmesan bestreuen.

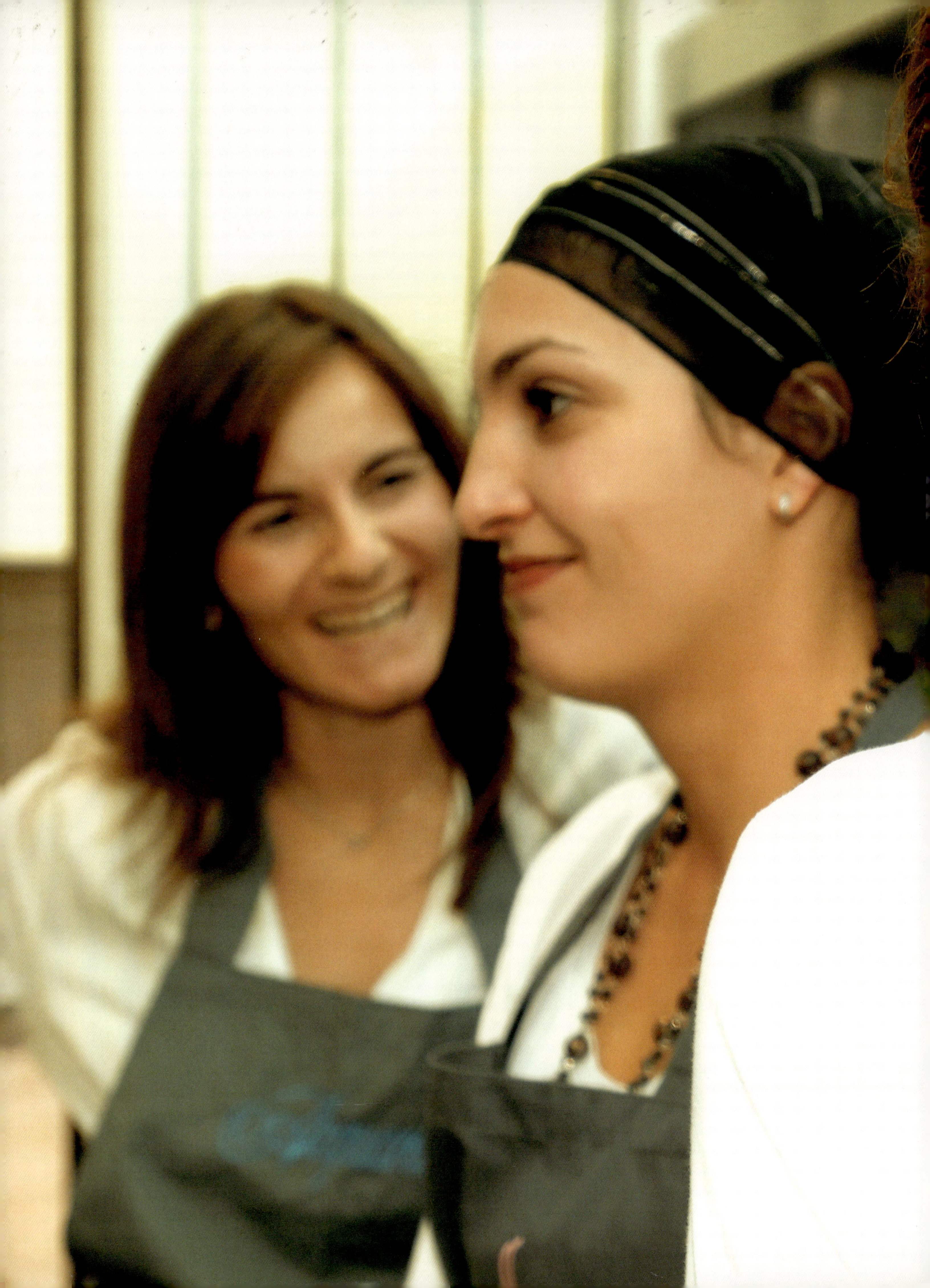

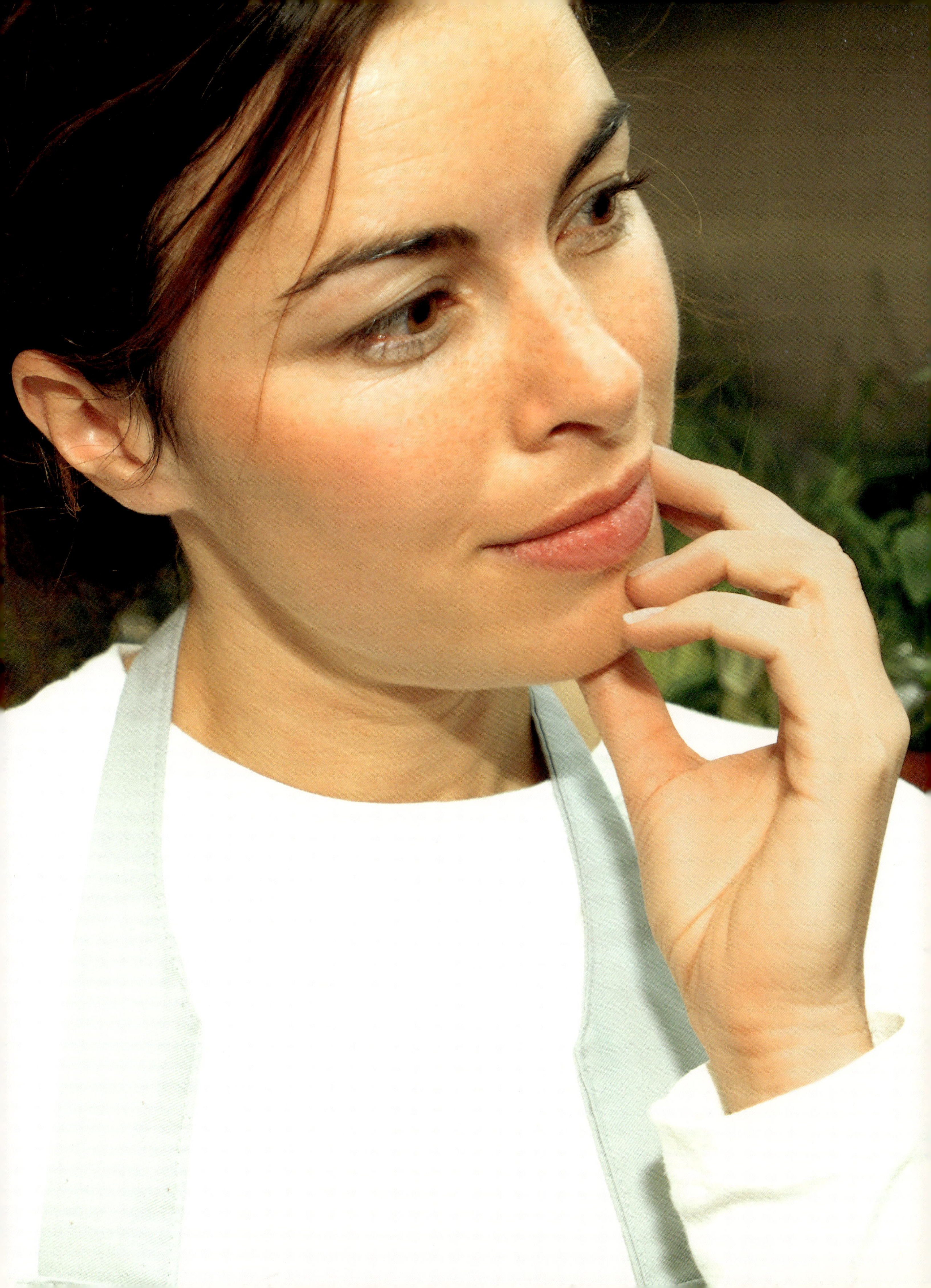

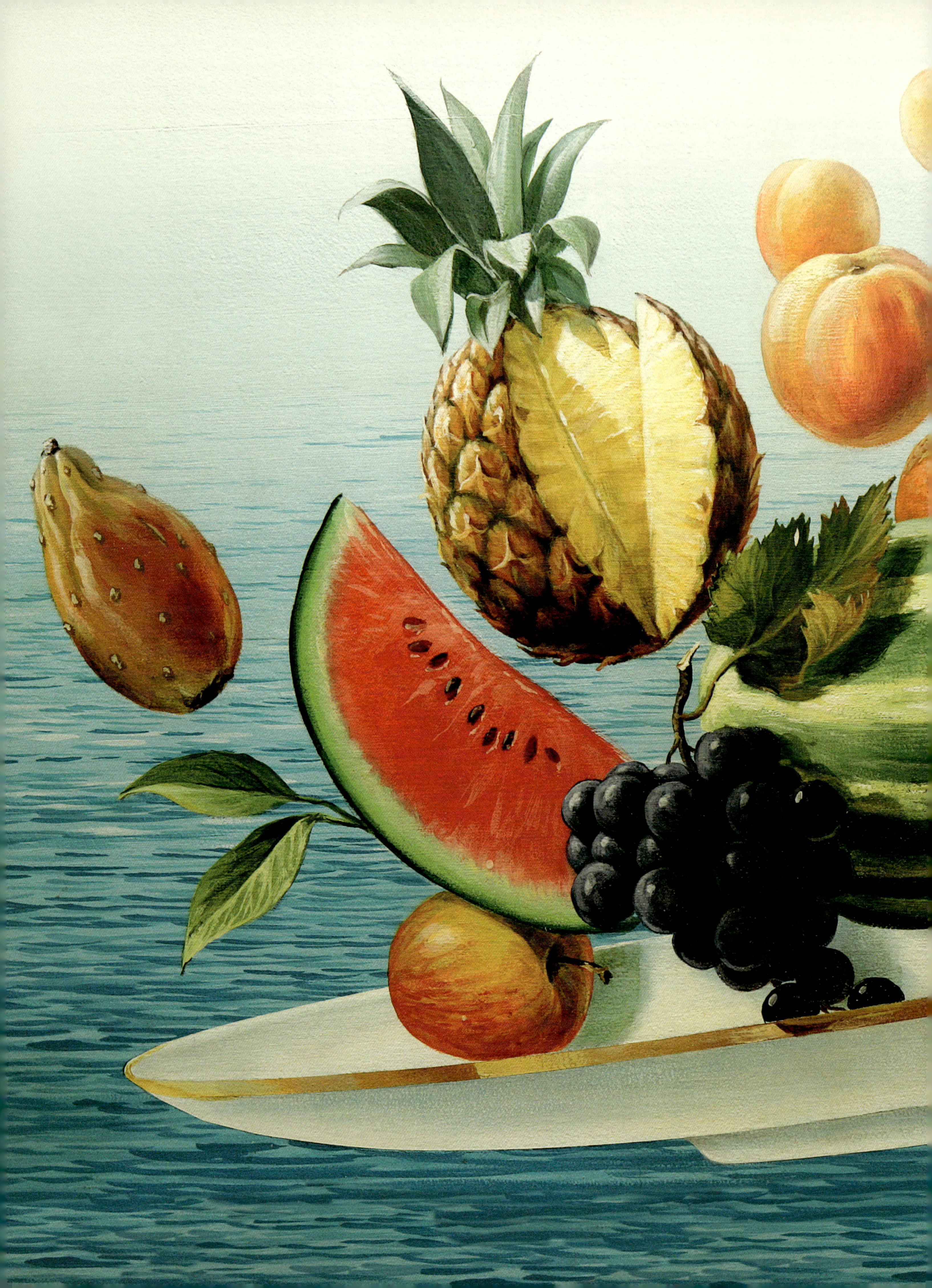

La Dolce Pasta

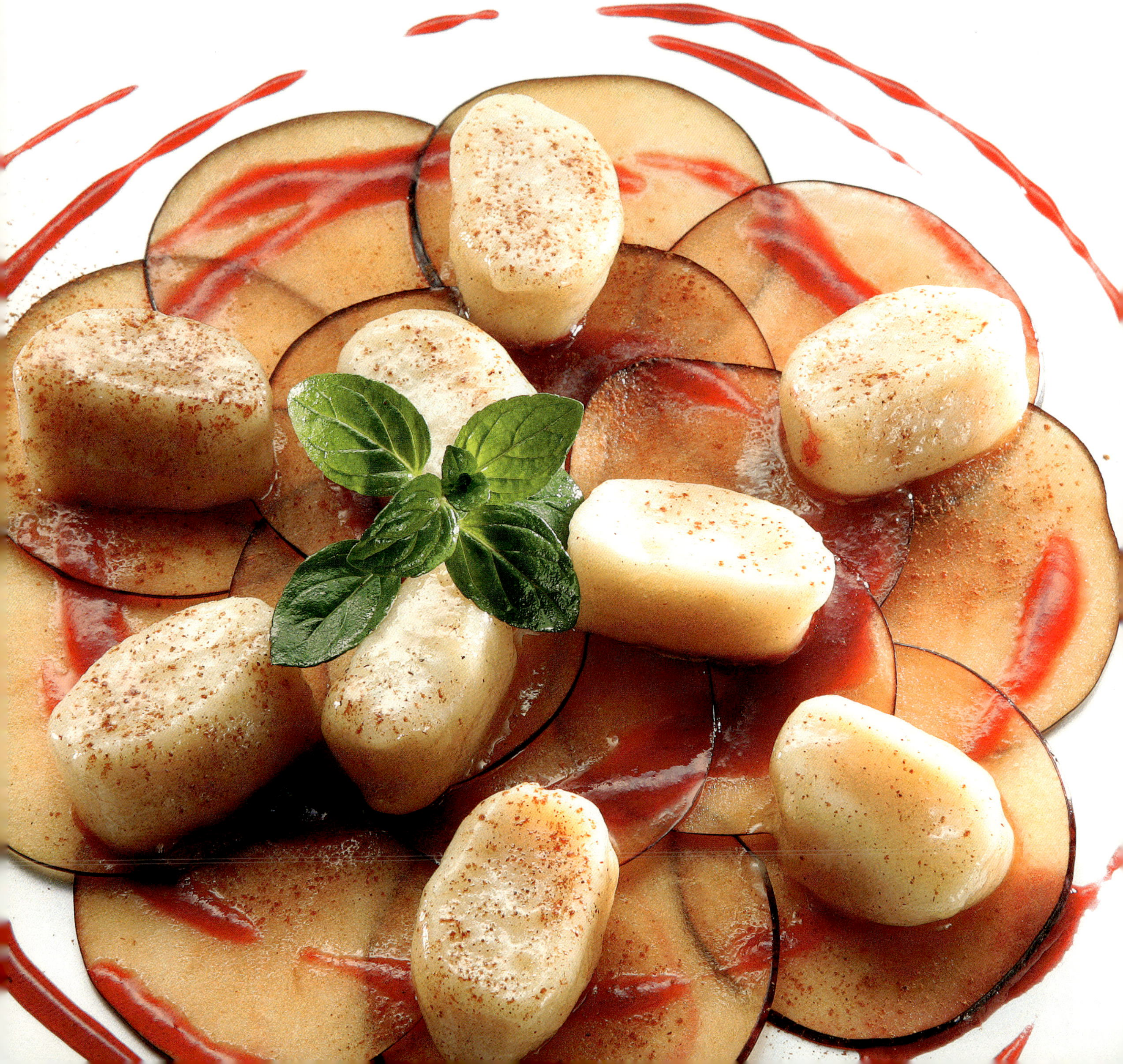

Ricotta-Zimtgnocchi auf Pflaumencarpaccio

Für die Gnocchi
375 g Ricotta
2 Eigelb
1 Ei
175 g Mehl
1 TL Speisestärke
10 g Zimtpulver

Für das Carpaccio
5 große Pflaumen
Zucker

Den Ricotta mit den Eigelben und dem Ei verrühren. Mehl, Speisestärke und Zimt vermengen und nach und nach unterrühren. Den Teig auf eine bemehlte Arbeitsfläche geben und Rollen von etwa 2 cm Durchmesser formen. Die Rollen in 1 cm lange Stücke schneiden und in siedendem Salzwasser etwa 3 Minuten garen.

Die Pflaumen entsteinen, mit einer Aufschnittmaschine in 2 mm dünne Scheiben schneiden und beiseite stellen. Die Abschnitte zusammen mit etwas Zucker mit einem Pürierstab mixen und durch ein feines Sieb passieren.

Die Pflaumenscheiben nebeneinander anrichten und mit der passierten Pflaumensauce übergießen. Die Gnocchi dekorativ darauf setzen.

Die Schokolade im Wasserbad schmelzen und mit den übrigen Zutaten verrühren.

Die Zutaten für die dunklen Ravioli zu einem glatten, festen Teig verkneten. Kalt stellen.

Für die hellen Ravioli den Teig mit der Nudelmaschine zu hauchdünnen Platten ausrollen und auf eine bemehlte Arbeitsfläche legen. Die Hälfte der Teigplatten mit verquirltem Ei bestreichen und im Abstand von etwa 3 cm je einen Teelöffel der Füllung daraufsetzen. Die übrigen Teigplatten darüberlegen und rund um die Füllung fest andrücken. In reichlich siedendem Salzwasser etwa 2 Minuten garen.

Den Orangensaft auf ein Drittel der Menge einkochen lassen. Mit Grand Marnier und Puderzucker abschmecken und die kalte Butter stückchenweise unterrühren.

Schokoravioli mit Minzeis

Sahne, Milch und Minzlikör zum Kochen bringen. Die Eigelbe mit dem Zucker schaumig schlagen und in die heiße Minzmischung geben. Die Mischung so lange rühren, bis sie etwas dicker wird. Durch ein Sieb passieren und in der Eismaschine frieren lassen.

Die abgetropften Ravioli zusammen mit einer Kugel Minzeis und Orangenfilets anrichten und mit der Orangensauce nappieren.

Für die Füllung

100 g weiße Schokolade

100 g Ricotta

25 g Mandelkrokant

Für die dunklen Ravioli

125 g g Mehl

40 g Kakao

2 Eier

5 ml Öl

5 ml Wasser

Für die hellen Ravioli

200 g Nudelteig (siehe Grundrezept Seite 64)

1 Ei

Für die Orangensauce

1 l Orangensaft

Grand Marnier

Puderzucker

250 g kalte Butter

Für das Minzeis

250 ml Sahne

250 ml Milch

100 ml Minzlikör

4 Eigelb

100 g Zucker

Zum Dekorieren

einige Orangenfilets

Sahne, Milch und die Hälfte des Basilikums in einen Topf geben und erhitzen. Die Eigelbe und den Zucker schaumig schlagen. In die Milch-Sahne-Mischung geben und unter ständigem Rühren eindicken lassen. Den Topf vom Herd nehmen, die Masse durch ein feines Sieb passieren und kalt stellen. Das restliche Basilikum fein hacken und in die kalte Eismasse geben. In eine Eismaschine füllen und gefrieren lassen.

Die Kirschtomaten blanchieren, enthäuten und die Kerne entfernen.

Den Zucker in einem kleinen Topf karamellisieren lassen. Mit dem Portwein ablöschen, die Vanilleschote aufschneiden und das Mark sowie die Schote dazugeben. So lange einkochen lassen, bis ein Sirup entsteht. Kurz abkühlen lassen und die Kirschtomaten hinzufügen. Dann die Schote entfernen.

Die Tagliolini in reichlich siedendem Wasser al dente kochen.

In der Zwischenzeit das ausgekratzte Mark der Vanilleschote in der Butter erhitzen. Den Zucker und etwa 5 Esslöffel Wasser dazugeben, sodass ein sämiger Fond entsteht.

Die fertigen Tagliolini in den Fond geben. Mit den Vanilletomaten und je einer Kugel Basilikumeis auf Tellern anrichten und mit einigen frischen Basilikumblättchen garnieren.

Tagliolini mit Vanilletomaten und Basilikumeis

Für das Basilikumeis

250 ml Sahne
250 ml Milch
1 Topf Basilikum
3 Eigelb
70 g Zucker

Für die Vanilletomaten

12 Kirschtomaten
50 g Zucker
500 ml weißer Portwein
1 Vanilleschote

Für die Tagliolini

350 g Tagliolini (Fertigprodukt)
1 Vanilleschote
70 g Butter
30 g Zucker

Register

A

Agnolotti mit Rinderfilet und Selleriesauce 71
Apfel-Meerrettich-Ravioli mit gebratener Geflügelleber 72
Artischockenravioli mit Kokossauce 73
Auberginenpanzerotti mit Thymiansauce 74
Avocado-Gamba-Ravioli mit Curry-Vanillesauce 76

B

Bärlauchgnocchi mit Parmesanbutter 79
Barolosauce 64
Birnen-Gorgonzola-Balsamico-Triangoli 81
Blumenkohlpanzerotti mit Schnittlauchsauce 82
Borlottibohnen-Agnolotti mit Pancetta 83

C

Conchiglie mit Thunfisch und Oliven 164

E

Erbsen-Minze-Gnocchi mit Calamaretti 85
Erbsenpanzerotti mit Hummer 86
Erdnusspanzerotti mit Jakobsmuscheln und Norcia-Trüffel auf Pfefferschaum 89

F

Farfalle in Spargel-Zitronen-Sauce 167
Farfalle mit Venusmuscheln 168
Feigentortelli mit Cassisbutter und gebratener Gänsestopfleber 90

Fettuccine mit frischen Morcheln 170
Fusilli mit Tomatensauce und Parmesan 173

G

Geflügelfond 65

H

Hummerfond 66
Himbeerravioli mit Alici 160

J

Jakobsmuschel-Capelletti mit Karotten-Ingwer-Sauce 93

K

Kaninchencannelloni mit Pflaumen 94
Karottenagnolotti mit Honig-Peperoncini-Sauce 97
Kartoffelgnocchi mit Schnittlauch-Kaviarsauce 147
Kürbisgnocchi mit Parmesanbutter 98
Kürbispanzerotti mit Salbeibutter 196

L

Lasagnette mit Entenbrust, Rosenkohl und Senfkörnersauce 100
Lasagnette mit Gambas und kleinem Gemüse 101

M

Mangotortelli mit Gambasragout 148
Maronenagnolotti und Preiselbeerravioli mit Rehfilets 103

Mascarpone-Oregano-Agnolotti mit Kirschtomatensauce 104
Morchelpanzerotti mit Sherrysauce 107
Mortadella-Caramelle mit Pistazienpesto 109
Mozzarella-Agnolotti mit Paprikaschaum 111

N
Nudelsuppe mit Kräutern 175
Nudelteig 64

O
Olivenravioli mit Paprikasauce 112
Orangen-Fenchel-Panzerotti mit Safransauce 113
Orecchiette mit Brunnenkresse und Langostinos 176

P
Pappardelle mit Tomaten-Ricotta-Sauce 178
Pecorino-Fagottini mit Saubohnen 115
Penne nach Art von Brigitte 181
Petersilienravioli mit schwarzem Trüffel 152
Piccagge alle Erbe 117
Pilzagnolotti mit eigener Sauce 118

Q
Quittenravioli mit gebratener Geflügelleber 119

R
Ravioli Acquarello 120
Raviolo Aperto mit Gambas und kleinem Gemüse 150
Ravioli mit Fleischfüllung und Parmesan 198
Ravioli mit Ziegenfrischkäse und Balsamico 123
Reginelle mit Pioppini 182
Ricotta-Zimtgnocchi auf Pflaumencarpaccio 205
Rote-Bete-Agnolotti mit Mohnbutter 124
Rote-Bete-Spaghetti mit Jakobsmuscheln 185
Rotweinschalotten-Agnolotti mit Pfefferschaum 127

S
Safran-Ricotta-Anelli mit pochierten Wachteleiern 128
Schokoravioli mit Minzeis 206
Schwarze Linguine mit Polipo 186
Schwarze Triangoli mit Lachs und Zitronensauce 131
Seeteufelcapelletti mit Safransauce auf Blattsilber 128
Sellerieagnolotti mit Gambas-Ragout 92
Senfkörner-Entensauce 67
Spaghetti Acquarello 135
Spaghetti Aglio, Olio e Peperoncino 188
Spaghetti Carbonara 191
Spargelravioli mit Parmesan 155
Spinatagnolotti mit Salbeibutter 156
Steinpilzagnolotti mit Rucolabutter 137

T
Tagliolini mit Vanilletomaten und Basilikumeis 208
Tagliolini mit weißem Trüffel 138
Taleggiotriangoli mit Rucolacreme 158
Tomatenpanzerotti mit Basilikumsauce 140
Triangoli mit Rucola und Parmesanbutter 141

W
Walnuss-Lasagne 194
Walnussravioli 143
Weißweinsauce 65
Wirsing-Agnolotti mit Trüffelschaum 77

Z
Zitronen-Mascarponeagnolotti mit Jakobsmuscheln 144

HINWEIS
Soweit nicht anders angegeben, sind alle Rezepte für 4 Personen berechnet. Restmengen der Grundrezepte (Nudelteig, Saucen, Fonds) lassen sich portionsweise einfrieren und wiederverwenden.

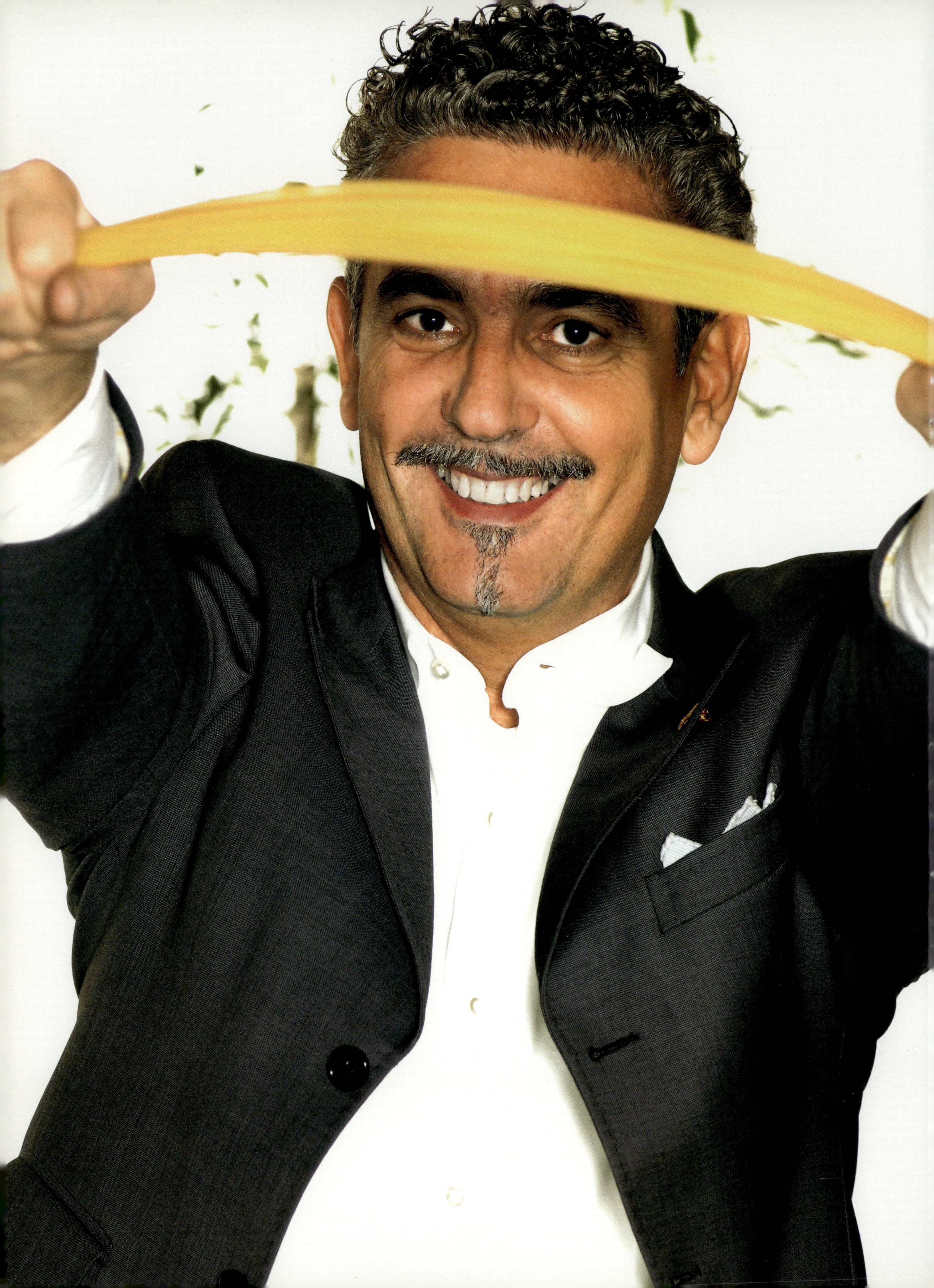

Danksagung

Achtung vor anderen Menschen wie auch Achtung vor der eigenen Person bilden ebenso wie unablässiger Einsatz, zielbewusstes Streben und geduldige Weiterentwicklung des eigenen Wissens und Könnens die Wurzeln, die bis tief in mein Innerstes reichen. Und aus dieser Tiefe meines Selbst möchte ich mich bei all den Menschen bedanken, die mich bei der Umsetzung dieses Projekts begleiteten und dabei die Fülle meiner Empfindungen, Freuden und Launen mit mir geteilt haben:

Ein **Danke** mit drei Ausrufezeichen geht an Anja Heyne, Jürgen Welte, Alexander Stauch sowie

Clara Gamba, Antonio Gamba, Alvaro Gamba, Corrado Gamba, Hannelore Gamba, Sarah Gamba, Massimiliano Gamba, Tanja Gamba, Brigitte Gattringer, Vincenzo D'Orta, Roberto Farnetani, Dr. Rita von Spanyi, Aldo D'Errico, Sühar Erler und Familie, Nathalie Ewers, Prof. Dr. Raoul Muhm, Wolfgang Ritter, Rotraud Degner, Nicola Avanti, Clemente Ferrara, Dr. Christoph Kürn und Familie, Anton Pozeg, Veronika Späth, Thomas und Marcela Kiefer

Ein Danke der gesamten Belegschaft des Ristorante Acquarello, vor allem aber Alexandra Seeliger.

Ein großes Danke auch all den Gästen, die uns seit vielen Jahren treu zur Seite stehen und immer wieder mit uns die Freuden unserer Küche und Gastlichkeit teilen. Und natürlich möchte ich mich auch bei Ihnen für den Kauf dieses Buches bedanken!

In Liebe und Dankbarkeit

Mario Gamba

P.S.: Im Übrigen ist dieses Buch vor allem Fabio, Brigitte, Sarah, Massimiliano, Clara, Antonio und Tanja gewidmet.

Acquarello
Quality Food
Acquarello
Poissonnier
Acquarello
Acquarello
Acquarello

Impressum

www.collection-rolf-heyne.de

Copyright © 2007 by Collection Rolf Heyne GmbH & Co. KG, München

Alle Rechte, insbesondere das Recht der Vervielfältigung und Verbreitung, vorbehalten. Kein Teil des Werkes darf in irgendeiner Form (durch Fotokopie, Mikrofilm oder ein anderes Verfahren) ohne schriftliche Genehmigung reproduziert oder unter Verwendung elektronischer Systeme vervielfältigt oder verbreitet werden.

Umschlaggestaltung
Collection Rolf Heyne, München

Layout und Satz
Graphitecture Book, Rosenheim

Redaktion der Rezepte
Marianne Glaßer, Röslau

Übersetzung aus dem Italienischen
Christel Galliani

Litho
Lorenz und Zeller, Inning am Ammersee

Druck und Bindung
Passavia, Passau

Printed in Germany

ISBN 978-3-89910-354-0